Rebondir
en temps de crise

Groupe Eyrolles
61, bd Saint-Germain
75240 Paris Cedex 05
www.editions-eyrolles.com

Du même auteur chez le même éditeur :

Trouver le bon job grâce au Réseau, 2ᵉ édition, 2007.

Booster sa carrière grâce au Réseau, 2008.

Hervé BOMMELAER

Rebondir
en temps de crise

EYROLLES

« J'ai de mauvais réflexes…
Un jour je me suis fait écraser par une voiture qui avait un pneu à plat et que deux types étaient en train de pousser. »

Woody Allen

Avertissement

« *Dans la vie, il n'y a pas de solutions. Il y a des forces en marche : il faut les créer, et les solutions suivent.* »

Antoine de Saint-Exupéry

Attention, ce livre n'est pas destiné à tout le monde !

Si vous êtes aigri, négatif, critique, méchant, dégoûté de tout, toxique, nuisible, malfaisant, néfaste, pessimiste, râleur, plaintif, geignard, pleurnichard, cabochard, fataliste, résigné, catastrophiste, tsunamiste, acerbe, amer, destructif, débile, rancunier, égoïste, égocentrique, méprisant, cassant, haineux, jaloux, suffisant, pourri de la tête, égotique, paranoïaque, pervers, maléfique, possédé, revenu de tout, etc.

N'achetez pas cet ouvrage !

Ne l'ouvrez même pas !

Vous pourriez en effet vous entailler le doigt avec le bord d'une page ou vous fracturer le pied si ce volume vous échappait des mains.

Sommaire

22 ! C'est la crise

*« Ce ne sera ni facile ni rapide de se sortir
du marasme. »*

Barack Obama

La vraie crise est là. On la prophétisait, on l'annonçait, on en voyait les signes avant-coureurs. Cette fois, il n'y a plus de doute, la crise s'est installée pour de longs mois en France et dans le monde. La Bourse, le monde financier et l'économie réelle vacillent, le chômage repart en flèche et de nombreux professionnels se mettent à la cape en attendant que le gros temps passe. Nous entrons dans la saison des huîtres, c'est-à-dire du repli sur soi. Et nous n'avons pas fini d'entendre parler de la crise, sur tous les tons, sous toutes les formes et en réponse à toutes nos interrogations.

C'est la récession, c'est un fait. Est-ce une raison pour se noyer dans le gros rouge, sombrer dans une boulimie de pâtes de fruits, ou regretter le bon vieux temps des Trente Glorieuses ?

Non. Il suffit de se rappeler que de nombreuses grandes figures de l'Histoire se sont révélées grâce à des circonstances exceptionnelles : Churchill, Roosevelt, de Gaulle, Mandela pour n'en citer que quelques-uns. À qui le tour ? Pourquoi pas vous ?

L'histoire économique est parsemée de crises : certaines profondes et durables comme la crise de 1929, d'autres plus récentes comme les deux chocs pétroliers de 1973 et 1979, le lundi noir de 1987, la grippe financière de 1989-1990, la récession japonaise des années 1990, la crise russe de 1997-1999 ou l'éclatement de la bulle Internet en 2000-2002. L'étude de toutes ces crises prouve que si des individus, des entreprises, des secteurs entiers ou des pays ont souffert, certains ont profité de ces époques agitées pour saisir des opportunités inimaginables quelques mois auparavant.

À circonstances exceptionnelles, occasions exceptionnelles. Pourquoi ne pas saisir l'opportunité de la crise pour révéler au grand jour votre potentiel, commencer une autre vie professionnelle ou poursuivre d'une façon différente et plus enrichissante votre métier actuel ? C'est la réflexion – et l'action – que je vous invite à mener tout au long des pages qui suivent.

Dans ce livre, je vous propose de regarder la crise différemment. Il s'agit de la considérer non pas comme une fatalité injuste et subie mais comme une nouvelle donne dont – c'est tout le mal que je vous souhaite – vous pouvez tirer parti et en extraire le meilleur.

Pour cela, je vous invite à adopter 50 bons réflexes de crise. Nul besoin de les appliquer tous. Je les ai testés auprès de quelques personnes qui ont accepté de lire ce manuscrit avant qu'il ne soit imprimé, et j'ai constaté que chacun en retirait des choses très différentes en fonction de sa propre expérience et de ses questionnements personnels. À vous donc de faire votre propre sélection. Et surtout d'agir en conséquence.

Laissez la panique aux autres

*« Rien ne donne un plus grand avantage à un individu
vis-à-vis d'un autre que de rester calme et
imperturbable dans des circonstances difficiles. »*

Thomas Jefferson

En situation de crise, ceux qui paniquent sont sûrs de perdre. Ils adoptent l'attitude immobile et pétrifiée du malheureux lapin noctambule hypnotisé par les phares de la voiture qui fonce vers lui pour le transformer en bout de moquette sanguinolente.

C'est en affichant les signes d'une peur incontrôlable que vous allez, à coup sûr, inquiéter vos proches, affliger vos supérieurs hiérarchiques et emmener votre équipe droit dans le mur. Amanda Ripley dans son livre *The Unthinkable : Who Survives When Disaster Strikes – And Why* explique que la panique est la réaction humaine la plus courante en cas de catastrophe et qu'elle génère des réflexes de survie allant de la violence à la tétanisation en passant par le chacun pour soi. Elle souligne que la plupart des personnes se résignent beaucoup trop rapidement devant le sort. Elle cite le témoignage d'un rescapé du naufrage du ferry *Estonia*, en 1994, qui ne comprenait pas pourquoi les autres passagers restaient figés sur leur siège alors que lui-même cherchait la meilleure solution pour sauver sa peau. On connaissait la célèbre option entre *fight* ou *flight* devant un danger. Les études sur les comportements humains dans ce type de circonstances ajoutent un troisième F, celui de *freeze*. Clairement, cette troisième solution est rarement la bonne.

Sachez que la façon dont vous abordez la crise est passée au crible par les personnes qui vous entourent. Vous êtes observé, jaugé et jugé. Lorsque tout va bien dans vos affaires et que votre entreprise ou activité prospère, on vous prend tel que vous êtes avec vos qualités et vos défauts. Il vous est simplement demandé de participer à la bonne marche du business. En revanche, quand la tempête se lève et que les vagues déferlent sur votre embarcation, tout l'équipage est attentif au moindre signal émanant de votre personne. À vous de vous contrôler pour ne rien laisser paraître de vos angoisses et incertitudes. Suivez les conseils de William Faulkner : « *Aie peur – on ne peut pas échapper à la peur –, mais ne la laisse pas transpirer. Personne dans la forêt ne te fera de mal à moins qu'il ne se sente lui-même traqué ou ne respire ta peur.* »

Aussi, même si au fond de vous-même vous ressentez une sourde angoisse, une abominable anxiété, faites en sorte que cela ne se voit pas à l'extérieur. Affichez un visage serein. Adoptez un discours apaisant. Rassurez vos interlocuteurs par votre attitude calme et impliquée. Même si cela vous demande un effort, sachez qu'en optant pour cette posture, vous allez susciter autour de vous un effet de mimétisme positif.

Amanda Ripley, qui a longuement interrogé les survivants de catastrophes, considère qu'il est possible et souhaitable d'éduquer nos cerveaux à bien réagir dans des circonstances extrêmes. C'est simplement une question d'apprentissage, d'entraînement et de réflexes acquis. Selon elle, c'est en se mentalisant ainsi que l'on peut le mieux affronter les événements graves en pleine conscience de ses possibilités.

Tilly Smith, la jeune anglaise qui a reconnu les signes avant-coureurs d'un tsunami sur la plage de Phuket, constitue un excellent exemple de ce type d'enseignement. Connaissant, grâce à son professeur de géographie, les prémisses et les dangers d'un raz-de-marée, elle a non seulement sauvé sa vie mais aussi celles des personnes qui se trouvaient avec elle sur la plage ce matin-là.

En définitive, quand tous les autres sont en mode « panique », ceux qui savent garder leur sang-froid se remarquent plus facilement et s'en sortent généralement mieux. Comme le disait Franklin D. Roosevelt, éminent praticien de la gestion de crise : « *La seule chose que nous ayons à craindre, c'est la crainte elle-même.* »

Pour action

- En toutes circonstances gardez votre sang-froid, vos nerfs et votre calme, ou du moins faites comme si.

- Si vous êtes inquiet à l'intérieur surtout ne le montrez pas à l'extérieur.

- Prenez un coach si vous éprouvez le besoin de prendre du recul sur les événements.

- Informez-vous sur les bons réflexes à avoir en fonction de chaque type de danger.

- Entraînez-vous à réagir à des événements extrêmes.

Sortez la tête du guidon

*« Il ne peut y avoir de crise la semaine prochaine,
mon agenda est déjà plein. »*

Henry Kissinger

Le mauvais – mais ô combien humain – réflexe en temps de crise consiste à plonger la tête dans le guidon et à pédaler comme un forcené pour rattraper un fantomatique peloton. Cette attitude peut permettre d'oublier un moment les affres d'un environnement anxiogène mais, attention, en adoptant cette posture de sprinter dopé à l'EPO, vous risquez de manquer un virage et d'échouer, tel un misérable pantin désarticulé, dans le décor.

Dans les atmosphères d'avant-typhon, la tendance est à la fermeture des écoutilles, au calfeutrement, au cloutage des portes et des fenêtres. Dans les entreprises, cela se traduit par le gel des embauches, le non-remplacement des départs à la retraite, le report des investissements, la révision drastique des budgets et une ambiance de blitz style métro de Londres fin 1940. Tout le monde rentre la tête dans les épaules, s'assied sur le cash (s'il y en a) et ne bouge plus en attendant que la tornade passe. Chaque salarié, à son niveau, adopte la même posture. C'est le règne des tortues dont on ne voit plus que les carapaces alignées sur la plage.

En temps de difficultés économiques et sociales, beaucoup de personnes s'acharnent à appliquer l'attitude du bon élève qui croit pouvoir s'en sortir grâce à un travail acharné. Dans ces périodes agitées, le besogneux est persuadé que seule la quantité de travail peut faire la différence. Le travail effréné et les heures supplémentaires qu'il s'inflige constituent un puissant anxiolytique qui le rend de plus en plus abruti. En agissant ainsi, il reproduit le bon vieux schéma des études secondaires où un surplus de travail déterminait une amélioration quasi mathématique des résultats. Or croire que la vie professionnelle fonctionne comme l'école est une erreur.

Un autre mauvais réflexe consiste aussi à se regarder le nombril et à ne plus être attentif à ce qui se passe autour de soi. Cette attitude de repli, de retraite, d'enterrement dans sa tranchée est dangereuse. La stratégie de l'autruche suréquipée de boules Quies n'a encore jamais prouvé sa pertinence. D'autant plus que vous risquez de ne plus rien comprendre au monde que vous découvrirez en sortant la tête du trou.

En période de crise, ce n'est pas en continuant de creuser toujours plus profond que l'on se donne les moyens de rebondir au bon moment. Au contraire, il est préférable de moins pelleter, mais de le faire à des endroits différents et nouveaux. Plus que jamais, dans les périodes de difficulté, il convient d'être ouvert, curieux et disponible. Il faut être *aware* pour reprendre la célèbre expression de Jean-Claude Van Damme. C'est la qualité des idées et la réactivité face à un environnement en mutation rapide et chaotique qui fera la différence. C'est en étant à l'affût que vous aurez le plus de chances de repérer les opportunités qui peuvent se présenter à vous. Mais pour les distinguer, il faut prendre un minimum de temps et de recul. Il faut prendre de la hauteur et sortir la tête de la purée de pois pour distinguer, avant les autres, l'horizon qui se dégage et les possibilités qu'il recèle.

Pour action

- Ne pensez pas nuit et jour à votre job.
- Ne travaillez pas jusqu'à l'épuisement.
- N'attendez pas une reconnaissance quelconque d'un surplus de travail.
- Prenez le temps de regarder autour de vous.
- Sortez de votre entreprise.
- Soyez *aware*, soyez à l'affût.

3

Informez-vous

> « *L'avantage concurrentiel de demain n'est pas dans la connaissance, mais dans l'accès rapide, précis et efficace à celle-ci.* »
>
> Tom Peters

La récession apporte son lot de mauvaises surprises, d'imprévus et d'impondérables. Il est impossible de réagir intelligemment à cette nouvelle distribution des cartes sans prendre le temps de collecter l'information pertinente et de l'analyser. Selon une étude publiée en 2007 par le cabinet Accenture, 59 % des cadres d'entreprises anglo-saxonnes estiment passer quotidiennement à côté d'informations importantes. Pire : 53 % d'entre eux constatent que plus de la moitié de l'information qu'ils reçoivent se révèle sans intérêt.

Une situation de crise profonde commande d'élargir ses sources d'information pour favoriser une vision plus large et originale de son univers professionnel. Il ne faut pas se contenter de ses alertes habituelles, établies en période confortable de croissance économique régulière. Dans un article récent publié dans *Business Week*, Peter Coy constate qu'en situation de très gros temps, les individus qui sortent le mieux leur épingle du jeu se caractérisent par leur capacité à s'adapter rapidement au changement grâce à une juste appréciation des événements et des conséquences de ceux-ci à court, moyen et long terme.

La période qui commence doit vous inciter à lire plus régulièrement la presse quotidienne économique (papier ou sur le Net), les business magazines et les livres de management.

De même, il convient de vous aérer le cerveau en lisant des livres d'histoire traitant de crises et de situations de rupture, des romans d'aventure exhilarants, des récits de voyage, des ouvrages de sociologie et de philosophie... aptes à nourrir vos réflexions. Élargir votre champ d'information ne suffit pas, il faut également vous organiser pour retenir les points clés de votre veille. Un carnet à spirale ou les pages mémos de votre agenda électronique feront parfaitement l'affaire. Enfin, si vous considérez que vous n'avez pas le temps de lire, pensez simplement à éteindre votre téléviseur une heure avant l'heure habituelle. La méthode, sans être révolutionnaire, a prouvé sa redoutable efficacité.

C'est aussi l'occasion de solliciter votre réseau. Ce dernier constitue indiscutablement le meilleur outil pour collecter, trier et analyser l'information pertinente pour vous. Il peut en effet vous aider à récolter et à interpréter les données nécessaires pour définir votre stratégie d'action, afin de profiter des opportunités de la crise et d'en minimiser les effets négatifs. Le rôle du réseau en tant que source d'information de premier choix est largement sous-estimé. Dans un article intitulé « Women and the Labyrinth of Leadership » publié dans la *Harvard Business Review*, article désormais célèbre dans la communauté des fanatiques du réseau, Alice Eagly et Linda Carli soulignent combien les personnes qui traversent le mieux les tempêtes professionnelles en progressant plus vite que leurs collègues sont celles qui savent construire, entretenir et renouveler un réseau privilégié d'informateurs.

Pour action

- Consultez régulièrement la presse économique et lisez la presse professionnelle de votre métier.

- Mettez des alertes sur Google au moyen de mots clés.

- Élargissez votre champ de lecture.

- Notez tout ce que vous trouvez d'intéressant.

- Réduisez votre consommation télévisuelle.

- Faites jouer à votre réseau le rôle de veille métier et business.

4

Ne résistez pas au changement, accompagnez-le

> *« Les hommes n'acceptent le changement que dans la nécessité et ils ne voient la nécessité que dans les crises. »*
>
> Jean Monnet

Il est humain de résister au changement. C'est un réflexe normal : pourquoi changer quand on s'est habitué à une situation agréable ? Pourquoi prendre le risque de perdre ce que l'on a difficilement gagné ?

Hélas, combattre le changement constitue toujours une dépense d'énergie inutile. Cela revient à crawler frénétiquement contre le courant pour rejoindre la rive la plus proche au lieu de se laisser porter par ce dernier pour aborder une rive plus lointaine.

Spencer Johnson, l'auteur du hautement recommandable *Qui a piqué mon fromage* explique avec beaucoup d'humour pourquoi la résistance au changement est la pire des attitudes dans la vie en général, et dans la vie professionnelle en particulier. Les personnages – Polochon, Baluchon, Flair et Flèche –, qu'il met en scène autour d'un bon gros gruyère soudainement évanoui, expriment très bien les différentes attitudes possibles face aux évolutions. Sa conclusion est claire : il ne sert à rien de lutter contre le changement, c'est un combat perdu d'avance. Il est mille fois préférable d'accompagner le changement, voire de le précéder, que de le subir et d'y résister. Il faut l'accepter et persévérer aussi dans son effort d'adaptation. Souvenez-vous de l'histoire de la grenouille qui, tombée dans un seau de lait, est condamnée à la noyade. Elle se bat avec toute son énergie et, à force de nager, elle arrive à transformer le lait en beurre, ce qui lui permet de s'extraire du seau.

John Kotter, dans son livre *Alerte sur la banquise*, autre best-seller américain sur le thème du changement édicte les sept étapes pour réussir ce dernier :

1. intégrer la nécessité du changement ;

2. déterminer la vision d'avenir et la stratégie à mener ;

3. communiquer pour faire comprendre et adhérer ;

4. se donner le pouvoir et les moyens d'agir ;

5. produire des réussites visibles le plus rapidement possible ;

6. persévérer pour faire en sorte que la vision devienne réalité ;

7. créer de nouveaux comportements et un état d'esprit plus ouvert aux changements.

S'adapter en permanence au changement constitue un réflexe clé pour affronter la crise et cela d'autant plus que, comme le souligne Richard P. Rumelt : « *L'erreur dans une situation de crise structurelle consiste à essayer de faire encore plus de ce que l'on faisait jusque-là. La crise, et les temps difficiles qu'elle provoque, montrent clairement que le vieux modèle a déjà été poussé jusqu'à ses extrêmes limites et détruit de la valeur.* »

Par ailleurs, les personnes qui mènent le changement attirent à eux les individus qui veulent participer activement aux mutations en cours. En revanche, les personnes qui redoutent la crise fédèrent autour d'eux des craintifs et des peureux qui ne vont pas les aider à avancer. Tout est une question de posture : si vous vous entraînez à changer régulièrement votre mode de fonctionnement et à l'adapter à l'environnement, le changement n'est plus une peur. Cela devient un atout et surtout un gage de survie.

Pour action

- Accueillez le changement non comme un ennemi mais comme un futur ami.
- Détectez ce que le changement peut vous apporter de bon.
- Surfez sur la vague du changement tout en restant maître de votre direction.
- Aidez les personnes autour de vous à l'accepter et à le maîtriser, ne serait-ce qu'en partie.
- Ne faites pas du neuf avec du vieux.

5

Remettez-vous en cause

*« Les moments de crise produisent un redoublement
de vie chez les hommes ».*

Chateaubriand

Comme le proclame Seth Godin dans son ouvrage *Survival is Not Enough* : « *Le changement constitue aujourd'hui la nouvelle norme. La vie professionnelle n'est plus faite de longues périodes de stabilité interrompues par quelques accidents. Le travail devient plus que jamais un monde en changement permanent avec quelques rares périodes de tranquillité.* »

Une crise grave, avec la cascade de changements qu'elle engendre, constitue une excellente occasion de remettre en cause ses convictions et de s'interroger sur soi. Beaucoup de remises en question personnelles ou professionnelles se concrétisent dans des moments de crise et de rupture : décès d'un proche, licenciement, maladie. C'est en effet le moment de chercher à savoir ce que vous aimez faire, de fouiller dans votre vie pour retrouver vos heures de gloire, ces moments privilégiés où vous avez réussi facilement tout ce que vous entrepreniez.

La première question à se poser est : qu'est-ce que je ferais si je n'avais pas de contraintes financières ?

La question suivante est : qu'est-ce qui m'empêche de le faire maintenant ?

Un des plus célèbres livres écrit sur la programmation neurolinguistique (PNL) a pour titre : *Pouvoir illimité*. Son auteur,

Anthony Robbins, y explique combien nous sommes tous prisonniers de croyances handicapantes héritées de notre éducation, de notre milieu social et de notre enfance. On nous a programmés pour nous restreindre, pour craindre, pour ne pas demander. La crise doit nous conduire à faire tout le contraire.

Dans son approche, Anthony Robbins utilise un schéma très simple pour montrer que le potentiel que nous mobilisons et les résultats que nous obtenons font partie d'un processus dynamique qui commence par une croyance.

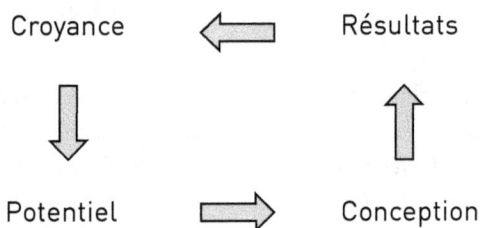

Croyance ⇐ Résultats

Potentiel ⇒ Conception

Anthony Robbins nous exhorte à comprendre que la réalité est celle que nous créons nous-mêmes. Il dénombre sept croyances positives favorisant l'action et le succès :

1. tout événement se produit pour une raison précise et doit nous servir ;

2. l'échec n'existe pas, seul le résultat compte ;

3. quoi qu'il arrive dans notre vie, nous devons en assumer la responsabilité ;

4. il n'est pas nécessaire de tout comprendre avant d'agir ;

5. les êtres humains sont notre plus grande ressource ;

6. le travail est un jeu ;

7. il n'y a pas de réussite durable sans engagement.

En d'autres termes, nous avons un potentiel que nous n'exploitons qu'à 20-30 % de ses possibilités. La crise actuelle et ses multiples conséquences représentent une opportunité pour modifier nos croyances et dessiner un nouveau chemin de développement personnel et de réalisation de soi.

Pour action

- Faites l'inventaire de vos croyances.
- Changez celles qui vous empêchent d'avancer.
- Identifiez votre objectif de vie.
- Faites un plan d'actions pour l'atteindre.
- Mettez-vous à l'œuvre sans attendre.

6

Reprenez en main
le volant de votre carrière

« Il faut d'abord savoir ce que l'on veut,
il faut ensuite avoir le courage de le dire,
il faut enfin l'énergie de le faire. »

Georges Clemenceau

Une crise constitue le moment idéal pour reprendre le contrôle de sa carrière. Souvent, par paresse ou par confort, celle-ci a été confiée à un tiers. Cela peut être votre papa ou votre maman (ne souriez pas, c'est plus courant qu'on ne le pense), ou votre conjoint. La plupart du temps, ils vous pousseront à la prudence ou alors vous inciteront à reproduire un schéma familial obsolète.

Ne laissez jamais non plus le volant de votre carrière à votre chef car il vous fera toujours évoluer en fonction de ses propres objectifs. De même, ne demandez pas à la Direction des Ressources Humaines de piloter votre parcours professionnel dans votre intérêt, car elle ne connaît pas vos motivations profondes et, de toutes les façons, elle n'est pas payée pour cela. C'est à vous de faire vos propres choix d'évolution.

Dans mon métier de consultant en outplacement, je rencontre régulièrement d'excellents professionnels qui ont évolué au sein d'une même société en obéissant aux décisions que leur hiérarchie prenait pour eux. Ils appliquaient en entreprise ce qu'ils avaient appris tout au long de leur scolarité : travaille bien et tu seras récompensé en passant dans la classe supérieure. En revanche, si tes résultats ne sont pas à la hauteur, il te faudra trouver un autre bahut. Mauvaise pioche car, comme on l'a déjà vu, l'entreprise n'a rien à voir avec l'école. Il y a quelques années, la DRH d'un célèbre cabinet de conseil en stratégie me confiait que sa plus grande difficulté était de demander à des consultants de 35-40 ans de chercher un travail ailleurs. « *Ils tombent de l'armoire* – me disait-elle –, *en effet, dans notre cabinet au nom prestigieux, la norme c'est "Up or Out". Or les consultants ne peuvent pas tous grimper en haut d'une pyramide. Un écrémage est nécessaire. Je me retrouve devant des femmes et des hommes sortis de bons lycées, ayant suivi d'excellentes prépas, logiquement diplômés de grandes écoles réputées et ayant réalisé une belle carrière dans la maison et, tout à coup, bing, premier échec de leur vie, je dois leur demander poliment et gentiment de chercher un nouveau job ailleurs.* » Lorsque cette DRH m'envoyait ces personnes pour que je les conseille, à ma question : « *Qu'est-ce que vous avez envie de faire maintenant ?* », la réponse était invariablement : « *Je ne sais pas. En fait je ne me suis jamais posé la question. J'ai toujours suivi le mouvement.* »

Aussi, prenez le temps de faire le point. Posez-vous les cinq questions suivantes :

- qu'aimez-vous faire ?
- dans quel domaine êtes-vous le plus à votre aise ?
- dans quel environnement réussissez-vous le mieux ?
- en quoi la crise constitue-t-elle une opportunité pour faire ce que vous avez envie de faire ?
- pourquoi attendre ?

La crise peut constituer l'occasion de découvrir ce que Mihaly Csikszentmihalyi appelle le *flow* ou l'expérience optimale. Dans son livre *Vivre*, il décrit cette dernière de la façon suivante : « *...il nous est arrivé à tous, à certains moments, de nous sentir non pas assaillis par des forces anonymes, mais dans le plein* *contrôle de nos actions, dans la parfaite maîtrise de notre vie. Dans ces occasions, nous éprouvons un enchantement profond longtemps vénéré qui devient une référence, un modèle indiquant ce que notre vie devrait être.* » L'expérience optimale ne s'applique pas uniquement au monde artistique, sportif ou ludique mais aussi au monde du travail. Pour apporter l'état optimal de satisfaction, le *flow* n'est réalisable qu'en étant dans l'action et dans la concentration sur son art. Csikszentmihalyi illustre son concept avec une illustration qui parle d'elle-même.

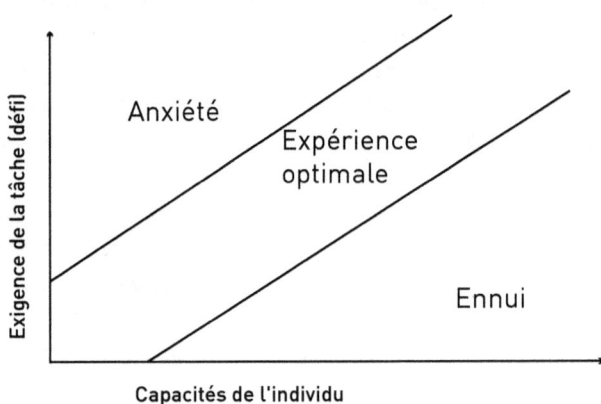

Capacités de l'individu

À chacun de s'interroger sur la façon dont cette notion d'expérience optimale s'applique à lui-même. Cette réflexion n'est pas neutre car l'étape suivante commande de trouver l'activité professionnelle – ou la nouvelle façon de faire son métier actuel – pour vivre pleinement son propre *flow*.

Pour action

- Posez-vous les cinq questions clés.
- Fixez-vous un objectif.
- Définissez un plan d'action.
- Donnez-vous un délai.
- Cherchez votre *flow* à vous.

7

Rassurez vos patrons

« Si vous ne supportez pas la chaleur,
sortez de la cuisine ! »

Harry Truman

Quand la tempête gronde, même les patrons ont peur. Ils ne le montrent pas car ils ont conscience de l'effet dévastateur sur l'équipe que produirait une crise de panique de leur part. Mais ils sont à la recherche de soutiens, de personnes de confiance sur lesquelles s'appuyer et auprès desquelles se ressourcer.

Plus les temps sont difficiles, plus les patrons observent leurs troupes de près. Dans un monde devenu subitement darwinien, c'est au microscope qu'ils examinent la performance et la contribution de chaque membre de l'équipe. C'est en effet au cours des périodes mouvementées que les dirigeants ont la possibilité de voir qui est réellement solide. Et qui ne l'est pas.

En période de licenciements, les études citées par Janet Banks et Diane Coutu dans leur article publié dans la *Harvard Business Review* en 2008, « How to Protect Your Job in a Recession », montrent que le choix des collaborateurs à licencier ne se fait pas principalement à partir des compétences mais sur des critères subjectifs tels que la sympathie, la proximité personnelle et l'enthousiasme perçu. C'est la personne positive et agréable à vivre qui échappera à la réduction d'effectifs. C'est en revanche l'expert pessimiste et aigri qui à coup sûr conduira la charrette.

Le comportement affiché par le collaborateur dans les circonstances difficiles de la vie de l'entreprise s'imprime pour longtemps dans l'esprit du patron. Ce dernier saura le plus souvent s'en souvenir quand le calme sera revenu. Ajoutons que généralement les périodes de forte tempête ne constituent pas le moment idéal pour exiger une augmentation. Une telle demande peut être considérée comme totalement anachronique par un boss dont le premier objectif est de réduire de la toile pour maintenir le navire à flot.

La solitude du dirigeant existe déjà par temps calme, elle est dix fois supérieure en cas de récession. Dans ces moments extrêmes, le patron a besoin de s'appuyer sur des collaborateurs solides, positifs et compétents. Il faut faire partie de ces rares personnes-là. C'est le moment de se rendre indispensable et de se faire remarquer. Dans les périodes troublées, le bon patron ressent le besoin d'être beaucoup plus sur le terrain pour communiquer avec ses troupes, rassurer et montrer qu'il y a un pilote dans l'avion. De même, il est à la recherche de sources d'informations plus directes et différentes de ce que la structure est habituée à lui fournir. Enfin, il est à l'affût d'idées et de suggestions nouvelles pour bâtir sa propre vision et sa stratégie face à la crise, et permettre une réactivité tactique face aux événements.

Il est clair que tout collaborateur capable d'apporter au dirigeant ce précieux carburant sera considéré avec un œil plus que bienveillant. Par ailleurs, le fait de prendre cette posture de réflexion et de conseil auprès de la direction peut se révéler passionnant car elle permet d'avoir une plus grande influence sur la marche des affaires à un moment crucial pour le business.

Pour action

- Donnez de l'espoir à vos patrons.

- Nourrissez-les en idées.

- Prenez des initiatives (en les informant bien sûr).

- Ne les laissez pas s'isoler.

- Sachez les détendre.

- Affichez une grande sérénité et une foi sans faille.

8

Ne laissez pas tomber votre équipe

*« Le plus grand service que l'on peut rendre aux autres,
c'est de les aider à s'aider eux-mêmes. »*

Horace Mann

Quand la situation devient difficile, le réflexe peut consister à sauver sa propre peau quitte à sacrifier celles de quelques fusibles de son équipe. C'est le célèbre adage du *« Chacun pour soi et Dieu pour moi »* que certains individus appliquent avec beaucoup de talent en situation de danger.

Ce sont dans les moments les plus chahutés que le leader d'une équipe se dévoile au grand jour. La brutalité de la crise ne laisse personne indemne, elle confronte chaque individu à ses peurs, à ses faiblesses et à ses comportements de survie : abattement, fuite, colère, violence, déni de réalité, sous-estimation des défis, surestimation de ses capacités, manque d'autorité, incapacité à trancher, renonciation à ses valeurs, difficulté à communiquer, non-maîtrise de ses émotions. Pour le manager, la crise sonne l'heure de vérité, elle constitue un véritable examen de passage. Les tempêtes révèlent en effet le courage ou la lâcheté, la compétence managériale ou l'absence de réel leadership. En ces périodes mouvementées, le leader s'expose comme jamais, il est scruté et jugé. Ses qualités personnelles deviennent soudainement plus cruciales que sa seule compétence technique. S'il inspire confiance, sait rassurer et donner une vision à ses équipes, alors il sera suivi. Il fonctionne comme un aspirateur de stress. Mais pour endosser une si lourde armure, il doit posséder une sérénité et un équilibre personnel lui permettant d'affronter les turbulences du moment et les pertes de repères associées.

Quand les affaires marchent moins bien, les meilleurs quittent en général plus vite le navire. Car un collaborateur de valeur trouve toujours des opportunités à l'extérieur. En temps de crise, c'est plus que jamais le moment de féliciter les membres de l'équipe lorsqu'ils le méritent. Il convient d'en prendre soin, de continuer à les récompenser d'une manière ou d'une autre, de les motiver et de toujours plus les impliquer dans la recherche de solutions et dans l'atteinte des objectifs communs. C'est aussi le moment de fêter les événements importants. C'est essentiel pour fédérer votre équipe et l'empêcher de se déliter dans un maelström d'intérêts personnels et divergents.

L'école de Berkeley conduite par La Porte, Roberts et Rochlin s'est intéressée aux organisations se révélant particulièrement fiables alors qu'elles se trouvent confrontées à de graves dangers. Il ressort de ces observations que le fonctionnement de ces entités n'est pas du tout le même en situation de crise qu'en temps normal. En situation normale, c'est l'organisation hiérarchique, routinière et procédurière qui prédomine. En période de gros temps, la dimension technique prend le dessus et la hiérarchie et ses signes statutaires disparaissent au profit de l'autorité naturelle et légitime des spécialistes. C'est, par exemple, ce qui se produit dans le contrôle aérien en cas de situation d'extrême danger. Le même phénomène est observable dans les régiments d'élite en action de combat : ce sont les sergents expérimentés qui commandent et auxquels le jeune lieutenant obéit.

Plus que jamais il faut que le leader fédère son équipe autour de lui. L'individualisme, le chacun pour soi ou les règlements de compte au sein du groupe doivent être bannis. Le chef doit indiquer le cap mais aussi imposer les règles de collaboration à suivre. Ensuite, à lui de donner l'exemple et de soutenir le moral de ses troupes. Sa posture fédératrice et volontaire sera alors porteuse non seulement d'espoir mais aussi d'action positive pour l'équipe.

Pour action

- Restez proche de votre équipe et de ses préoccupations.
- Soyez à son écoute et prenez le temps de parler avec elle.
- Fêtez les victoires pour mieux oublier les défaites.
- Récompensez et félicitez vos collaborateurs pour qu'ils se sentent soutenus et qu'ils ne soient pas tentés d'aller voir ailleurs.
- Communiquez-leur inlassablement une vision de sortie de crise.

9

Soignez vos pairs

*« Il est illusoire de croire que c'est en écrasant
les autres que l'on avance. »*

Cicéron

Compte tenu du ralentissement de l'activité économique, il faut s'attendre à d'importantes réductions d'effectifs dans certains secteurs de l'économie. La stratégie de la bunkerisation, si elle a encore beaucoup d'émules en entreprise, n'a jamais prouvé son efficacité. Le fait de creuser sa tranchée ou de raser les murs pour ne pas se faire remarquer ne correspond pas à la mentalité des individus qui tirent le mieux leur épingle du jeu par gros temps.

L'expérience des périodes de licenciements précédentes montre que, à compétences et expérience égales, ce sont les individus qui possèdent le meilleur relationnel en interne qui gardent leur job. Dans un article intitulé « Competent Jerks, Lovable Fools, and the Formation of Social Networks », Tiziana Casciaro et Miguel Sousa Lobo expliquent que la majorité des gens ayant besoin d'aide au plan professionnel privilégie un collègue sympathique plutôt qu'un autre plus compétent mais moins agréable. Les individualistes, les personnes d'humeur maussade ou connues pour leur caractère difficile ont ainsi tendance à être rejetés lorsqu'il s'agit de constituer une équipe, de rechercher de l'information ou de solliciter un service.

De même, attaquer vos rivaux en période de gros temps ne constitue pas une stratégie payante à terme. Au contraire, il est préférable de soigner votre réseau en interne et de prendre le temps d'aider vos pairs à garder le moral, à développer leur propre business et à optimiser leur temps. Au lieu de profiter de cette période pour savonner la planche d'un collègue, il est souvent préférable de faire la paix avec lui pour créer une alliance objective qui aura d'autant plus de force qu'elle aura été scellée dans une période de danger.

On revient à cette notion de réseau interne que j'ai évoquée dans un de mes précédents livres : *Comment booster sa carrière grâce au Réseau*. Je développais ce thème en disant que c'était un des grands oubliés des livres de management. Le Réseau en interne consiste à créer des partenariats professionnels avec ses pairs au sein de son entreprise. Ces alliances positives et tacites facilitent le travail et accroissent l'efficacité de chacun. Ces liens se tissent jour après jour et ne fonctionnent que si l'on est prêt à donner avant de recevoir. C'est une activité certes chronophage, mais réellement utile. Les opportunités de réseauter en interne sont nombreuses et il faut les exploiter systématiquement, surtout dans les périodes difficiles. Cela peut être, par exemple : les pots d'arrivée, de départ, d'anniversaire, de fin de semaine, les événements et séminaires organisés par l'entreprise, les événements du comité d'entreprise (sports, week-ends, soirées, etc.), les groupes de projet, les déjeuners de pairs, les formations en interne, les équipes de sport de l'entreprise, etc.

N'oubliez pas que les pairs se trouvent aussi en dehors de l'entreprise. Ils peuvent être clients, fournisseurs, concurrents, consultants, anciens collègues, etc. Ils constituent une richesse d'informations et d'idées qui peut se révéler fort utile lorsque l'on a la sensation d'avancer dans le brouillard.

Pour action

- Gardez le contact avec vos pairs, en interne et en externe.
- Ne compatissez pas, objectivez, aidez-les à voir la moitié pleine du verre d'eau.
- Faites la paix avec vos ennemis d'hier.
- Faites-en des alliés.
- Aidez-les à réussir.

10

Choyez vos clients

« Le métier de croque-mort n'a aucun avenir.
Les clients ne sont pas fidèles. »

Léon-Paul Fargue

S'il y a un domaine dans lequel il vous faut investir du temps et de l'énergie en période de fortes turbulences, ce sont vos clients. Ce sont eux qui vous font vivre et le jour où ils disparaissent, c'est votre job ou votre activité qui s'arrête. Tous les livres de management depuis des décennies nous ont rabâché cette évidence qu'il est beaucoup plus économique de fidéliser un client que d'en conquérir un nouveau. Alors maintenant que c'est la crise, donnons plus que jamais au client la priorité qu'il mérite.

Mais surtout ne lui quémandez pas du business ! Apportez-lui des solutions, donnez-lui des idées et détectez des opportunités pour dynamiser ses propres affaires. À vous de prendre le temps de l'écouter attentivement, car la crise a changé ses attentes et ses besoins. Vos clients ont leurs angoisses, leurs soucis, leurs interrogations. Vous devez devenir la meilleure oreille parmi leurs fidèles fournisseurs. Certes vous pouvez compatir avec eux, mais je vous déconseille vivement d'adhérer à leur pessimisme. Au contraire, c'est votre rôle de leur ouvrir des perspectives et de leur proposer une vision d'avenir pour la sortie de crise.

Ce que vos clients attendent de vous, ce n'est pas seulement d'être proche d'eux. Ils demandent que vous leur apportiez un regard neuf sur leur business, que vous leur donniez des idées. À vous de les surprendre en leur démontrant votre différence et votre valeur ajoutée dans un environnement perturbé. Un de mes clients, directeur général d'une société de machines outils, a ainsi diversifié son activité pour répondre aux besoins de ses clients en situation de crise : plutôt que de leur vendre de nouvelles machines, il leur propose un nouveau service de maintenance pour faire doubler le temps de vie des installations en place.

Pour être créatif dans la recherche de ces nouvelles idées, il convient de s'inspirer de Pixar, ce studio de création de films d'animation qui a produit des longs métrages tels que *Toy Story, Monsters & Co, Cars, Ratatouille,* etc. Ed Catmull, le cofondateur et président de Pixar, s'est tout particulièrement attaché à étudier les ressorts de la créativité et de la génération d'idées originales. Il en tire les principes suivants que vous pouvez appliquer :

- ne pas se contenter de copier ce qui a été fait mais s'astreindre à trouver une idée totalement originale ;

- ne pas craindre le risque mais créer la capacité de rebondir lorsqu'un échec survient ;

- comprendre que l'idée initiale n'est que le point de départ, la grande idée est complexe, longue et ardue à mettre en œuvre ;

- faire travailler ensemble – et retenir dans l'entreprise – des gens talentueux est le moteur du succès ;

- donner une bonne idée à une mauvaise équipe donnera un mauvais résultat, alors que donner une piètre idée à un bon team produira l'effet contraire ;

- fixer la barre haut est indissociable de la réussite à long terme ;

- avoir une culture de la coopération entre les collaborateurs à tous les niveaux.

Pour action

- Concentrez-vous sur vos clients.
- Ne leur réclamez pas du business.
- Apportez-leur des idées créatives, différentes et adaptées à la situation de crise.
- Proposez-leur de la souplesse et de la flexibilité.
- Faites-en plus pour eux que vos concurrents.

11

Gagnez maintenant les nouveaux clients de demain

« Il est dur d'échouer, mais c'est encore pire de n'avoir jamais tenté de réussir. »
Théodore Roosevelt

Quand la crise taille à la serpe dans votre activité, c'est le moment d'aller à la conquête de territoires nouveaux et de trouver vos futurs clients. La prospection n'est pas une activité facile et elle rebute beaucoup de monde. C'est une démarche souvent ingrate et décourageante. La plupart des individus ne sont pas génétiquement programmés pour en faire et ils ont tendance à bâcler cette démarche ou à la remettre toujours à plus tard. Conséquence : ils ne s'y attaquent qu'en dernier ressort, lorsqu'il est déjà trop tard.

Un antidote existe : il consiste à adopter la stratégie « Océan bleu » popularisée par W. Chan Kim et Renée Mauborgne. Leur idée est simple : plutôt qu'aller se battre parmi les requins sur les zones de pêche où se trouvent tous vos concurrents, c'est-à-dire dans les eaux rougies par le sang des combats, il est plus judicieux d'aller chercher l'océan bleu où personne n'a encore jeté ses filets. C'est typiquement ce que Steve Jobs a réalisé lorsqu'il a repris la direction d'Apple. Plutôt que de mettre toutes ses forces dans la bataille des ordinateurs, il s'est attaqué à un marché moins sanglant et éminemment porteur : celui de la musique via l'Ipod. De même, en prenant le temps de réfléchir, en ne vous précipitant pas dans le culte du court terme, vous pouvez prendre un avantage concurrentiel significatif vis-à-vis de vos concurrents car ceux-ci ont naturellement tendance à s'accrocher au modèle de business existant et à traire ce qu'ils croient être encore une vache à lait jusqu'à la dernière goutte.

Pour prospecter de nouveaux clients, la solution s'appelle le *networking*. En effet, lorsqu'on appelle un prospect sans se présenter de la part d'une relation commune, on se trouve en situation d'appel froid. C'est l'exercice le plus courant pour un commercial qui cherche à décrocher un rendez-vous avec une cible identifiée. En moyenne, la chance de décrocher un rendez-vous est de une sur dix.

L'utilisation d'une recommandation change tout. Lorsque l'on appelle un prospect de la part de quelqu'un qu'il connaît – et pour peu que la prise de contact soit bien effectuée –, les chances d'obtenir un rendez-vous sont proches de neuf sur dix. Pourquoi ? Parce que l'interlocuteur fait confiance à la relation commune pour que cette dernière lui envoie une personne intéressante à rencontrer et non pas un importun. En définitive, ce qui compte n'est pas qui l'on connaît, mais qui les relations et les clients qui nous apprécient connaissent.

Il y a quelque temps, un ami, patron d'un cabinet de conseil en stratégie, m'a demandé d'intervenir devant ses consultants. Il s'agissait de leur faire passer le message qu'en temps d'incertitudes économiques le développement de nouvelles affaires ne devait plus être la priorité des managers mais aussi celle des 60 consultants de l'entité. La formation que nous avons planifiée consistait à enseigner les règles de fonctionnement du *networking*, les différentes stratégies utilisables et le bon message à faire passer sur l'offre du cabinet. Ensuite, nous avons demandé à chaque consultant de prendre au minimum un déjeuner par semaine avec un membre de son réseau professionnel. Dès le premier mois d'action, le cabinet avait enregistré plus de 500 rendez-vous réseau et les retombées se manifestèrent rapidement sous forme de nouvelles missions.

Pour action

- Voyez plus loin que le bout du trimestre.
- Pensez stratégie « Bleu océan ».
- Ciblez les gros poissons ou ceux qui vont le devenir.
- Appâtez-les avec une vraie différence.
- Prospectez grâce à la technique du *Business Networking*.

12

Trouvez de nouvelles idées et appliquez-les

*« Il y a ceux qui voient les choses telles qu'elles sont
et se disent : "pourquoi". Et il y a ceux qui rêvent
les choses telles qu'elles devraient être
et qui se disent : "pourquoi pas". »*

Robert Kennedy

Quand la crise se déclare, c'est le moment de changer les règles du jeu et de « sortir du cadre ». Pour cela, prenez le temps de réfléchir. Bloquez une heure par jour loin des tâches routinières et répétitives. Faites du « remue-méninges » individuel et collectif. Notez vos idées sur un carnet spécial ou sur votre agenda électronique.

Revoyez vos objectifs personnels. Pensez à de nouvelles possibilités. Envisagez plusieurs options. Faites ce que les autres ne font pas ou ne font plus : réfléchissez ! Trouvez des idées ! Des grandes ! Et les petites qui, assemblées, font les grandes.

Pour cela, n'hésitez pas à emprunter les idées des autres. Surtout s'ils ne s'en servent pas ou ne les utilisent pas bien. L'inspiration se trouve partout. Ray Kroc, l'homme qui a fait de McDonald's le temple mondial de la restauration rapide à bas prix, a racheté la petite entreprise de Dick et Mac

McDonald en 1961 pour 2,7 millions de dollars. Il n'a pas eu l'idée du Macdo, il a juste vu le potentiel du concept et, par la suite, il est toujours resté fidèle à la formule inventée par les fondateurs.

Vous pouvez trouver des idées originales. Ainsi, c'est dans une France en proie aux effets de la crise de 1929 que le Printemps lance Prisunic en décembre 1931. Le concept est simple : il consiste à proposer aux classes populaires, frappées par la baisse du pouvoir d'achat, des produits utilitaires et de consommation courante à des prix bas. Quelques mois plus tard, Les Galeries Lafayette lui emboîtent le pas en ouvrant les magasins Monoprix sur la même idée. Le discount est né. Il est le produit de la crise.

Pour que votre imagination soit plus productive il faut la mettre en œuvre dans un cadre déterminé. En revanche, sans aucune contrainte, elle ne donne pas toute sa mesure et s'éparpille.

Mais si avoir des idées est une chose, les mettre en œuvre en est une autre. En France, nous sommes les champions du monde des idées mais nous sommes beaucoup moins performants pour les concrétiser. Donc ne ratez pas leur mise en œuvre. En 1978, Tom Peters et Robert H. Waterman, deux consultants de McKinsey, ont publié un best-seller intitulé *In Search of Excellence* qui a marqué une génération de managers ne jurant que par la stratégie. L'idée était simple mais révolutionnaire : il s'agissait de montrer que les entreprises stars de l'époque se distinguaient toute non pas par la pertinence de leur stratégie, mais par une exécution impeccable. En termes d'idées, c'est la même chose. Une bonne idée formidablement bien mise en œuvre bat – et de loin – toutes les fabuleuses idées mal orchestrées.

Pour action

- Achetez un petit carnet et notez toutes vos idées.

- Organisez-vous des séances de brainstorming individuel et collectif.

- Lisez, parcourez, consultez tout ce qui vous tombe sous la main et qui fait sens.

- Ne demandez pas la permission : ne prenez pas le risque que l'on vous dise non.

- Battez-vous pour vos idées.

- Mettez en œuvre vos idées.

13

Imitez les survivants

*« Comme dans toute initiation, c'est dans le fait même
de survivre qu'est le triomphe. »*

Paul Auster

Tout drame produit aussi des survivants. L'étude du comportement de ces derniers permet de mieux comprendre les
mécanismes de survie et les réflexes qui leur ont permis de s'en
sortir. Au début des années quatre-vingt-dix, j'ai interviewé
une trentaine d'anciens déportés des camps de concentration
nazis dans le cadre d'un livre que je préparais en hommage à
mon père. Parallèlement, je me suis procuré de nombreux
ouvrages – ainsi que quelques manuscrits non publiés – de
survivants du monde concentrationnaire pour compléter mes
recherches.

Les déportés revenus vivants expliquent leur survie par
plusieurs facteurs. En premier lieu, ils ont gardé confiance.
Même s'ils ont connu des moments de détresse, ils ont toujours
pu ou su remonter la pente. En camp de concentration, l'individu qui se laissait aller signait son arrêt de mort à très court
terme. Les survivants ont été solidaires entre eux. Ils ont vécu
cette solidarité, le plus souvent au sein d'un petit groupe qui
se serrait les coudes et qui partageait tout : la nourriture, les
privations, les informations et l'espoir. Les déportés se sont
adaptés aux conditions extrêmes : le froid, la faim, les règles
écrites et non écrites des camps. Il ne s'agissait pas de s'opposer

frontalement à l'ordre établi mais plutôt de trouver la façon de ne pas en subir les foudres mortelles. Leur survie, considèrent-ils, est autant liée à leur foi dans l'avenir qu'à quelques moments de chance au milieu de l'enfer.

Ce qui a aidé aussi beaucoup de survivants des camps nazis c'est la possibilité de se soustraire ne serait-ce que quelques minutes par jour à la violence quotidienne et à l'épuisement organisé du monde concentrationnaire. Pour certains, il s'agissait de s'évader par la poésie, par le souvenir de la musique, par la littérature, par l'humour, etc.

Tous les survivants trouvent les ressources de s'adapter à la nouvelle situation. Amanda Ripley explique dans son ouvrage *The Unthinkable : Who Survives When Disaster Strikes – And Why* que si la panique et le stress sont inévitables en cas de catastrophe, le rescapé réagit d'autant plus efficacement qu'il accepte l'idée de chaos et cherche des solutions pour s'adapter à la nouvelle situation. En revanche, la personne qui s'accroche désespérément à ses références et réflexes du passé – ou pire qui ne veut pas regarder la nouvelle réalité en face – est irrémédiablement condamnée.

Pour action

- Adaptez-vous à la nouvelle situation et aux nouvelles contraintes.
- Gardez foi en l'avenir.
- Soyez solidaire d'un groupe pour bénéficier de son soutien tout en lui apportant votre aide.
- Anticipez les nouvelles orientations nécessaires pour ne pas être pris à l'improviste.

14

Travaillez votre chance

« La chance n'est pas dans ce qui vous arrive mais dans ce que vous faites avec ce qui vous est arrivé. »

Richard Wiseman

La chance joue un rôle important dans la capacité de survivre à une crise. Mais la chance n'a rien à voir avec le hasard. La chance se mérite, se provoque et se travaille. Richard Wiseman, universitaire britannique, auteur de *The Luck Factor*, le livre de référence sur ce sujet, a mené des recherches sur 1 500 chanceux et malchanceux et en a tiré des leçons étayées par des chiffres précis.

Selon Wiseman, les chanceux se différencient des malchanceux par plusieurs caractéristiques. Premièrement, les chanceux savent ce qu'ils veulent. Ils se fixent des objectifs ambitieux mais réalistes. Ils savent déceler et utiliser les opportunités qui passent à leur portée. Ils sont beaucoup plus curieux que les malchanceux. Ils sont à l'affût, ils aiment explorer de nouvelles possibilités et recherchent des expériences nouvelles. Ils fuient la routine et sont ouverts au changement.

Les chanceux ont confiance en eux, en l'avenir et font aussi confiance aux autres. Ils pensent toujours que cela va marcher pour eux, alors que les malchanceux ne se projettent pas positivement dans le futur.

Les chanceux osent. Ils vont de l'avant et prennent des risques. Ils n'ont pas peur de l'échec. Ils n'ont pas besoin d'avoir à la fois une ceinture et une paire de bretelles pour se lancer.

Les chanceux se relèvent toujours quand ils tombent. Ils ne se découragent pas au premier échec. Au contraire même, ils rebondissent d'autant mieux qu'ils savent tirer les leçons de leurs erreurs.

Les chanceux créent et entretiennent un réseau chanceux autour d'eux. Par leur optimisme et leur caractère affable, ils suscitent la sympathie. Ils possèdent ainsi un nombre de connaissances supérieur à la moyenne, ce qui augmente leur possibilité de trouver de bonnes occasions.

Les chanceux suivent leur intuition. D'après les chiffres de Wiseman, 80 % des personnes se déclarant comme chanceuses affirment que leur intuition joue un grand rôle dans leurs choix professionnels. Les chanceux écoutent leur sixième sens et ils lui font confiance lorsqu'il faut prendre une décision importante.

Enfin les chanceux relativisent les contrariétés. Ils ne se focalisent pas sur les petits désagréments du quotidien et gardent assez de recul sur les événements pour ne pas surévaluer un événement négatif.

Les chanceux agissent pour inverser le cours des choses et persévèrent pour atteindre leurs objectifs. Comme le disait Winston Churchill : « *J'aime que les choses arrivent et, si elles n'arrivent pas, j'aime les faire arriver.* »

Pour action

- Gardez confiance en vous, en votre chance et en l'avenir.
- Ayez des buts précis et soyez curieux de tout.
- Prenez des risques calculés.
- Créez et entretenez votre réseau chanceux.
- Positivez les coups du sort, faites-en des planches d'appel pour rebondir plus haut.

15

Adoptez la maxi-coopération

« Un pour tous et tous pour un. »

Alexandre Dumas

En 1984, le sociologue américain Robert Axelrod révélait dans son ouvrage *Comment réussir dans un monde d'égoïstes* (Odile Jacob, 2006) que la meilleure interaction à long terme entre deux individus était la réciprocité. En édictant la « théorie du comportement coopératif », il a apporté la preuve que la collaboration était plus productive que l'affrontement ou le mépris. Pour cela, il a mis en compétition des programmes de collaboration et c'est le programme « donnant-donnant », proposé par Anatol Rapoport, un universitaire de Toronto, qui a battu tous les autres compétiteurs.

Robert Axelrod explique que : *« Les principaux résultats de la théorie de la coopération sont encourageants. Ils montrent que pour déclencher le processus de coopération, il suffit d'un petit groupe d'individus prêts à rendre la pareille en cas de coopération, même dans un groupe où personne d'autre n'est disposé à suivre leur exemple. »* Il suffit qu'un nombre réduit d'acteurs commence à jouer le jeu pour que le système fonctionne et contamine un nombre croissant de participants.

Ed Catmull, le cofondateur et président de Pixar, est un adepte de cette philosophie. Il explique le succès de son studio depuis vingt ans par cette culture de la coopération : « *Ce qui est fondamental – et ce qui nous différencie de beaucoup d'autres studios – est la façon dont nos collaborateurs à tous les niveaux aident chaque membre de l'équipe. Chacun est totalement investi pour aider l'autre à produire le meilleur travail. C'est vraiment* "Tous pour un et un pour tous". »

Les plus éminents penseurs du marketing nous ont appris à lutter contre nos concurrents. La crise est l'occasion parfaite de remettre en cause cette croyance limitante. Quand Steve Jobs est revenu à la tête d'Apple pour sauver la marque de la mort, il s'est allié à son ennemi historique, Bill Gates. Quelques années auparavant, les deux hommes s'étaient fâchés à mort lorsque le fondateur de Microsoft avait quasiment pillé les idées de la marque à la pomme pour créer son système d'exploitation Windows. Les hommes politiques et les grandes figures de l'histoire nous montrent aussi clairement que le pardon et la collaboration constituent des conditions indispensables pour faire avancer les grandes causes et les projets majeurs. En effet toute crise grave ou toute guerre génère des gouvernements de coalition : on enterre les vieilles querelles du temps de paix pour s'allier et poursuivre le même objectif suprême.

Pour action

- Adopter des échanges « donnant-donnant ».
- Contaminez vos relations avec cette approche.
- Coopérez au lieu de jouer cavalier seul.
- Soyez bienveillant.
- Dépêchez-vous de pardonner mais n'oubliez pas.

16

Communiquez, communiquez, communiquez

« Le grand orateur du monde, c'est le succès. »

Napoléon Bonaparte

Exister c'est communiquer. La communication doit constituer une priorité dans votre action en période de crise. Il convient de transmettre votre vision et votre ambition pour vous et votre équipe, voire votre entreprise si vous en êtes un des ambassadeurs. Cette vision doit dépasser le cadre de la crise et dessiner les grands traits de ce que sera l'avenir dans lequel vous vous projetez.

Pour communiquer efficacement, il faut se concentrer sur un seul message, une seule idée, un seul concept. Pour cela, il est indispensable d'être clair, en amont, sur votre objectif, votre projet, votre positionnement et vos cibles. Mais énoncer le bon message ne suffit pas, l'impact de ce dernier dépend de la forme qu'on lui donne. Tous les grands communicants le savent. Il vous faut trouver les mots clés et la façon forte, unique et originale de faire passer votre message principal. Et puis répéter, répéter et répéter encore ce dernier, car la répétition construit la mémorisation.

Ne laissez à personne d'autre que vous le soin de contrôler votre propre image. Ses fondations découlent de votre réflexion personnelle. Ensuite, c'est à vous d'en représenter le vecteur principal, autant par vos actions que via votre discours. Sachez que la plupart du temps, vos collègues et vos pairs ne feront que reprendre vos propos (en espérant qu'ils ne les déforment pas trop). À vous donc de faire passer les bons messages. Si l'une de vos relations vous propose de parler de vous à un tiers, demandez-lui toujours comment il compte vous présenter ! Vous serez souvent surpris – et souvent inquiet – du résultat.

En France, nous avons culturellement le défaut d'être modestes et de ne pas afficher nos réussites. Je vous encourage à lutter contre cette tendance, devenue hélas naturelle, et de communiquer intelligemment sur vos succès et vos actions. Car si vous ne le faites pas vous-même, qui le fera pour vous ? Il est important de créer ainsi un halo positif autour de vous pour que votre nom soit associé, en interne ou à l'extérieur de l'entreprise, à des réalisations concrètes et réussies. Le contrôle de votre image passe aussi par la Toile. Que dit-on de vous sur le Net ? Vérifiez-le en faisant une recherche sur Google : écrivez-y vos prénom et nom entre guillemets et regardez le résultat ! Un cadre dirigeant que j'accompagnais il y a deux ans a découvert ainsi sur le Net qu'un journaliste étranger l'avait traité d'esclavagiste. Le problème c'est que cette page apparaissait en premier dans la page Google le concernant.

Pour action

- Ayez une écoute hyperactive.
- Communiquez par le dialogue plutôt que par le monologue.
- Définissez votre message central.
- Répétez votre message.
- Adaptez votre communication à vos interlocuteurs.
- Contrôlez votre image.
- Communiquez sur vos réussites.

17

Soignez votre visibilité

*« La notoriété, c'est lorsqu'on remarque votre présence,
la célébrité c'est lorsqu'on note votre absence. »*

Georges Wolinski

Des études ont montré que les entreprises qui ne communiquent pas en temps de récession avaient le plus de difficultés à profiter de la reprise quand celle-ci se produisait. Pour les individus, c'est exactement la même chose. En temps de crise, tout est exacerbé : le discours comme le silence. Or le silence n'est pas une bonne stratégie. Pour en être convaincu, il suffit de prendre connaissance de la spirale pernicieuse du silence.

Le silence fait naître le doute

⤷ Le doute engendre la peur

⤷ La peur conduit à la panique

⤷ La panique fait prendre
les mauvaises décisions

Janet Banks et Diane Coutu, dans un article d'actualité intitulé « How to Protect Your Job in a Recession », expliquent l'importance de rester visible en période de chaos. Elles conseillent de participer aux réunions informelles, de sortir de son bureau, de se montrer à des événements extérieurs à son entreprise.

La visibilité prend aujourd'hui de nouvelles formes : ainsi, de nouveaux outils de réseautage ont récemment fait leur apparition, il faut utiliser ceux qui ont fait leurs preuves. Je vous recommande ainsi de maximiser votre lisibilité sur les réseaux sociaux sur Internet tels que Viadeo, LinkedIn, etc., en actualisant régulièrement le profil que vous y avez enregistré.

Si vous désirez vous protéger des solliciteurs de tout poil, ces sites proposent des solutions. Ainsi sur Viadeo, vous pouvez cliquer sur une option qui vous permet de refuser les mises en relation directes : un inconnu ne peut donc entrer en contact avec vous que par l'intermédiaire d'un de vos liens directs, qui joue ainsi le rôle de filtre. Vous pouvez aussi créer un blog, un site personnel qui fait office de vitrine professionnelle, si vous avez une expertise à mettre en avant ou des choses intéressantes à dire sur votre métier.

Vous êtes responsable de votre visibilité. Si vous êtes le meilleur professionnel de votre secteur mais que personne ne le sait, vous avez un problème de communication. Si vous n'avez pas d'attaché de presse – ce qui est assez fréquent – faites vous-même vos relations publiques pour exister dans un monde du travail où il est important d'être visible et lisible.

Pour action

- Rendez-vous visible en interne.
- Faites état de vos succès.
- Travaillez votre visibilité en externe.
- Rencontrez les journalistes professionnels qui s'occupent de votre secteur et répondez à des interviews.
- Écrivez des articles, donnez des cours et des conférences.

18

Ayez un discours
sur la crise

*« Les dogmes du passé paisible sont inadaptés au présent
tumultueux... Puisque nous sommes confrontés à du neuf,
nous devons penser neuf et agir neuf. »*

Abraham Lincoln

La crise, tout le monde en parle et tout le monde continuera
d'en parler. Mais, dans la grande majorité des cas, ces conver-
sations ne dépasseront pas le niveau des banalités et des éviden-
ces. Les plus érudits débattront sans fin sur les causes profondes
de la récession tandis que d'autres se concentreront sur ses
effets dans leur vie de tous les jours. Tout cela n'est en rien
condamnable mais, soyons clair, les discussions du café du
commerce ne préparent en rien le futur.

Lorsque les individus doutent, ils ont besoin d'une mise en
perspective des événements, d'un éclairage nouveau, d'une
vision de l'avenir. Si, dans vos échanges avec vos différents
interlocuteurs, vos collègues, vos clients... vous ne leur apportez pas cette valeur ajoutée, vous manquez une formidable
occasion de créer une dynamique partagée.

Vous pouvez en effet faire la différence avec le magma verbal
ambiant en adoptant un discours réfléchi et construit sur la
récession. Cela peut être votre propre analyse ou une simple
adaptation du discours de votre entreprise.

Vous pouvez avoir un réel impact sur vos interlocuteurs – amis, clients, pairs, collaborateurs, patrons, réseau – si vous êtes en mesure de leur donner un éclairage original et pertinent sur les conséquences prévisibles de la crise pour le business en général et leur activité en particulier.

Aussi, je vous conseille de ne pas perdre votre temps à construire un magnifique discours sur les causes de la crise et ses responsables. Il vous sera plus utile de vous concentrer sur l'impact que celle-ci va avoir dans l'avenir et sur les actions à mener pour en tirer parti ou du moins en minimiser les retombées négatives.

Car si, contrairement à une majorité de personnes enkystées dans un discours plaintif sur la crise, vous apportez des idées et des solutions originales alors vous ferez vraiment la différence.

À vous donc de travailler et de ciseler votre vision de la récession, de ses effets et des réponses à y apporter au niveau individuel et au niveau de l'entité dans laquelle vous travaillez. Pour cela, informez-vous, lisez, écoutez des débats mais faites-vous votre propre opinion. Quitte à en changer en cours de route puisque les périodes de crise vous l'autorisent. Dans cet exercice d'adaptation permanente, les plus habiles leaders politiques occidentaux actuels se sont particulièrement distingués depuis septembre 2008. Ils ont bien compris que l'essentiel n'est pas d'avoir raison sur la durée mais d'avoir une pertinence évolutive et assez souple pour pouvoir s'adapter à des circonstances aussi changeantes qu'imprévisibles.

Pour action

- Analyser les effets probables de la crise sur votre environnement professionnel.

- Formatez un discours simple et impactant sur ce sujet.

- Choisissez des expressions imagées pour frapper les esprits.

- Adaptez régulièrement ce discours en fonction de l'actualité.

- N'hésitez pas à changer d'avis si la situation le commande.

19

Vos problèmes personnels n'intéressent personne

« La certitude d'ennuyer est de tout dire. »

Voltaire

En temps de crise, tout individu normalement constitué a une forte envie de se confier et d'expliquer ses difficultés à son entourage et à ses relations personnelles et professionnelles. C'est humain, c'est compréhensible, ce n'est en rien condamnable. Mais ce n'est pas une bonne idée.

Disons le crûment : vos états d'âmes ne passionnent pas les foules. Et surtout pas l'immense majorité de vos interlocuteurs du monde professionnel. Si vous avez besoin de vous épanchez sur une épaule compatissante, choisissez un spécialiste pour cela. Qu'il soit psychologue, psychothérapeute, coach ou autre, peu importe mais, par pitié, ne faites pas l'erreur de livrer vos angoisses ou vos états d'âmes à vos relations professionnelles.

Confier ses problèmes personnels en période de crise détermine différents types de réactions. Certains peuvent être encouragés à comparer les leurs aux vôtres et considérer qu'ils sont plus mal lotis que vous. D'autres prendront leurs jambes à leur cou en jugeant qu'ils n'ont aucune envie de se charger le sac à dos avec vos lourds boulets.

De même, avant de confier le poids qui vous accable à votre conjoint, validez bien qu'il soit en posture de vous aider à le supporter et de trouver avec vous les solutions adaptées. L'expérience montre en effet que la personne qui partage votre vie n'est pas forcément la neutralité incarnée dans les affaires vous concernant.

Lorsque l'on accompagne une personne en transition de carrière dans sa recherche d'emploi, on mesure pleinement ce phénomène. Très souvent, le cadre qui vient de se faire licencier a besoin de s'épancher, de se justifier, d'exprimer sa colère et de faire son deuil de l'emploi précédent. Le consultant en outplacement est là pour l'aider dans cette nécessaire purge de son passé. Et son rôle est essentiel car si la personne fait l'erreur d'aller confier ses états d'âme à des recruteurs potentiels, à des chasseurs de têtes ou à son propre réseau, l'effet est toujours dévastateur.

Pour action

- Ne cédez pas à la tentation de parler de vos états d'âme à tout le monde.
- Choisissez une personne ou un professionnel de confiance pour cela.
- Ne parlez que de la moitié pleine du verre d'eau à votre entourage.
- Soyez à l'écoute mais ne vous laissez pas envahir par les malheurs des autres.

20

Sortez dans la cour de récré

« Je ne crois pas aux circonstances. Les personnes qui réussissent en ce monde sont celles qui recherchent activement les circonstances qu'elles désirent ou qui, si elles ne les trouvent pas, créent celles qui leur sont favorables. »

George Bernard Shaw

Quand la crise gronde, la pire des erreurs à commettre consiste à rester passif, prostré et à ne rien faire.

Alice H. Eagly et Linda L. Carli, dans leur livre *Through the Labyrinth*, soulignent combien le manque de temps consacré au *networking* constitue un ralentisseur de carrière ! En effet, le capital social représente un atout déterminant dans la réussite professionnelle. Les deux auteurs citent une étude décrivant les managers à succès comme des personnes passant beaucoup plus de temps à socialiser, à réseauter et à interagir que leurs collègues de même formation et d'âge égal qui, eux, stagnent dans le middle management.

Cette même recherche montre que ces « super-managers » consacrent moins de temps que les autres à s'occuper des tâches traditionnelles de management comme la planification, le contrôle, la gestion d'équipes, la résolution des conflits, etc.

Si l'on utilise la métaphore de l'école, on peut affirmer que, dans la vie professionnelle – et tout particulièrement en période de grand chamboulement – ce ne sont pas les bons élèves qui réus- sissent le mieux. Ce ne sont pas les excellents étudiants qui arri- vent en haut de la pyramide de l'entreprise ou qui tirent le mieux leur épingle du jeu en situation de crise. Ceux-ci restent en étude pour réviser leurs leçons, arrivent les premiers en classe pour continuer leur travail et obtiennent de très bonnes notes. Mais dans l'arène professionnelle ce sont les élèves moyens en classe qui réussissent. Ceux qui ont des notes correctes sans plus mais qui savent passer du temps dans la cour de récréation. Car c'est dans ce lieu magique que se nouent les alliances, circule l'information et se passe la vraie vie.

Moralité de l'histoire : en situation de crise, la capacité à se créer et à gérer un capital social représente une plus forte garantie de survie et de rebond que les simples compétences techniques et de management. En d'autres termes, faire parfai- tement son travail ne suffit pas pour bien s'en sortir. Il faut également prendre soin de tisser des liens d'entraide, de soli- darité, d'alliance et de coopération avec d'autres profession- nels.

Pour action

- Sortez dans les cours de récréation pour nouer des liens et collecter de l'information.

- Participez aux événements de votre entreprise : pots, séminaires, formations, etc.

- Participez aux conférences extérieures sur votre métier ou votre secteur.

- Animez des débats.

- Nouez des alliances avec vos pairs, vos concurrents, vos prescrip- teurs.

21

Soyez plus que jamais connecté

« Être connecté nous procure un sentiment de bien-être,
réduit le stress et nous rend plus confiant. »

Michael Lee Stallard

En période de fortes turbulences, il est vivement déconseillé de rester frileusement enfermé chez soi le réfrigérateur rempli jusqu'à la gueule ou barricadé dans son bureau surchauffé et calfeutré.

Il faut être actif et visible auprès de son réseau. Non seulement auprès du premier cercle des proches mais aussi et surtout dans le vaste cercle des « liens faibles », toutes ces personnes que vous connaissez et qui vous connaissent mais que vous ne voyez pas régulièrement – ou plus – depuis plusieurs années. Depuis les travaux de Mark Grannovetter, les professionnels du *networking* le savent, ce sont ces liens plus lointains qui, lorsqu'ils sont réactivés, donnent les meilleures idées, informations et collaborations.

Michael Lee Stallard, auteur du livre *Fired up or Burn Out*, grand apôtre de la connectivité, souligne trois caractéristiques majeures de cette dernière :

1. elle constitue une force puissante qui, fondée sur des facteurs rationnels et émotionnels, crée un lien positif entre les gens ;

2. elle permet d'obtenir le meilleur des personnes. Elle les dynamise, les rend plus confiants et résilients pour faire face aux inévitables difficultés de la vie ;

3. elle peut varier grandement d'un individu à l'autre en fonction de sa personnalité, de son parcours personnel et de la culture dans laquelle il évolue.

La récession actuelle commande de revisiter activement vos agendas et vos répertoires. C'est plus que jamais le moment d'organiser votre réseau et de trouver l'outil simple et efficace pour répertorier tous vos contacts. Plus vous serez connecté, plus vous aurez des possibilités de limiter les effets de la crise sur votre vie professionnelle et plus vous préparerez votre rebond le jour où la reprise économique arrivera.

Pour cela, il faut rester actif et acquérir les bons réflexes. Ainsi, chaque année, envoyez des cartes de vœux personnalisées par la poste. Appelez les membres de votre réseau pour prendre de leurs nouvelles et pas seulement pour leur demander un service. Pensez à votre réseau pour qu'il pense à vous.

Évitez les mails, pensez au bon vieux courrier. Nous sommes tous submergés de mails et nous ne recevons plus de lettres ou de cartes. Aussi, la valeur d'attention du courrier est quatre fois supérieure à celle d'un mail.

Pour action

- Ne voyez pas que vos liens forts.
- Pensez à réactiver vos liens faibles.
- Organisez le suivi de vos contacts.
- Pensez aux cartes de vœux – envoyez-les plutôt par la poste.
- Consacrez au moins une heure de votre temps par semaine pour appeler votre réseau, prendre de ses nouvelles, organiser des déjeuners et des rendez-vous.

22

Développez de nouvelles connexions

« On peut se faire plus d'amis en deux mois si l'on s'intéresse sincèrement aux autres qu'en deux ans si l'on attend que les autres s'intéressent à nous. »

Dale Carnegie

Les périodes de tempête permettent de nouvelles rencontres pour ceux et celles qui s'en donnent les moyens. Il ne s'agit pas de faire du « réseau salon de thé », certes sympathique, mais de professionnaliser son action en ciblant les personnes à rencontrer en fonction de ses objectifs.

Pour cela, l'arme absolue est et reste la recommandation. Vous serez toujours bien accueilli par n'importe quel interlocuteur inconnu si vous venez de la part d'un connecteur qui peut vous recommander. À vous ensuite de faire en sorte que votre demande soit bien calibrée pour que la personne ainsi rencontrée puisse y répondre efficacement.

Les nouvelles connexions peuvent prendre deux formes :

1. Les nouveaux contacts ciblés, c'est-à-dire les personnes que l'on a décidé de rencontrer et de faire entrer (avec leur accord) dans son réseau. Cette démarche sous-entend que l'on ait un projet, une stratégie, des cibles et un plan d'action. Professionnalisée, elle procure d'excellents résultats. Le meilleur moyen pour nouer de nouveaux contacts

intéressants consiste, là encore, à utiliser l'arme absolue du réseau : la recommandation. Avec une bonne recommandation vous pouvez rencontrer qui vous voulez. Comment en effet refuser de rendre service à quelqu'un qui vous appelle de la part d'une de vos relations en qui vous avez toute confiance ? C'est impossible car, en ne jouant pas le jeu, vous risquez de rompre le lien que vous entretenez avec le connecteur et d'abîmer votre image dans le Réseau.

2. Les contacts d'opportunité qui nous arrivent par le réseau lui-même ou que nous rencontrons sans les avoir spécifiquement recherchés. On retrouve là le principe de la *serendipity* cher à nos amis anglo-saxons. La « sérendipité » se définit comme l'art de découvrir ou de créer quelque chose sans l'avoir précisément cherché. C'est le concept du hasard heureux qui sourit à l'œil aiguisé du chercheur en quête d'une tout autre information que celle qu'il est en train de chercher mais qui se révélera tout aussi, sinon plus, intéressante. La sérendipité représente un état d'esprit qui ne fonctionne que si l'on se fixe un objectif précis. Elle exige une attitude mentale axée sur la détermination, la curiosité, l'effort et la patience. Elle permet d'avoir accès à des connaissances et à des débouchés nouveaux. Elle développe une forme de sagacité qui permet de donner du sens à un événement imprévu et de saisir des opportunités qui resteraient invisibles à l'esprit non préparé. Le bon *networker* reste à l'affût de toute nouvelle occasion de contact dans le cadre du but qu'il s'est fixé, mais sait aussi profiter des imprévus pour générer de nouvelles rencontres, de nouvelles alliances et bénéficier d'informations pertinentes.

Pour action

- Renouvelez régulièrement votre réseau en provoquant de nouvelles rencontres.

- Ciblez de nouvelles personnes à approcher.

- Utilisez l'arme absolue du développement réseau : la recommandation.

- Établissez un plan d'action pour effectivement les rencontrer.

- Restez ouvert à la sérendipité et aux rencontres imprévues.

23

Sortez de
votre Réseau de clones

*« Avoir des amis dont vous aimez qu'ils soient comme
vous est une forme de narcissisme. »*

Norman Douglas

Le brouillard économique dans lequel nous sommes plongés
doit nous inciter à élargir notre réseau en évitant notre
tendance naturelle au clonage.

Cette inclination au clonage s'explique par le fait que travailler
avec des individus qui nous ressemblent, possèdent les mêmes
racines et partagent les mêmes idées que nous, facilite les
échanges et l'esprit d'équipe. En effet, les informations se
transmettent d'autant plus vite que l'on n'est pas tenté de
remettre en cause la pensée de son clone. Ainsi, collaborer avec
des gens qui pensent comme nous fluidifie la vie professionnelle, diminue les difficultés et, somme toute, nous rassure sur
notre compétence et sur notre valeur au sein du groupe.

Brian Uzzi, professeur de sociologie à l'université de
Northwestern, et Paul Ingram, professeur de management à
Columbia, ont justement souligné le fait qu'un réseau de
clones représente un danger à terme, dans la mesure où il
empêche les nécessaires remises en question et l'expression des
différences de points de vue. Trop de similarités réduisent
l'accès à une information originale ainsi que la créativité et la

capacité à sortir du cadre pour trouver des solutions inédites. En d'autres termes, si tout le monde pense comme moi, je me retrouve enfermé au sein d'une « chambre d'écho » qui renvoie en permanence mes propres idées et pensées.

La diversité représente une condition indispensable pour assurer l'efficacité du networking. Elle est d'autant plus difficile à atteindre qu'elle se heurte à un autre obstacle : le principe de proximité. C'est-à-dire, ce réflexe humain qui consiste à construire son réseau avec les personnes avec lesquelles on passe le plus de temps. Cet entourage proche est facile d'accès, ne demande aucun effort pour être joint et représente un cocon sans risques, où l'on est toujours bien accueilli et dans lequel on peut se ressourcer facilement.

Le principe de proximité tend à renforcer le principe de similarité et d'enfanter un réseautage agréable, mais peu efficace. En effet, ce n'est pas en s'enfermant ainsi dans un monde de quasi-clones que l'on peut ressentir l'envie de se remettre en question et de progresser. De surcroît, le fait de relier son réseau de clones à d'autres clones amplifie le phénomène de ghettoïsation et les risques d'hémiplégie sociale qu'il comporte.

Comment lutter contre le cercle vicieux créé par la conjugaison des principes de similarité et de proximité ? Brian Uzzi conseille d'appliquer le principe d'« activités partagées ». Le meilleur moyen d'échapper au risque expliqué plus haut consiste à privilégier les occupations sortant de la routine et de la vie de tous les jours. Le réseautage efficace se forge via des activités, professionnelles ou non, qui permettent de se connecter à des personnes diverses et variées se distinguant de ses propres standards de confort. Les sports d'équipe, les associations caritatives ou religieuses, les groupes de projets en entreprise, toutes ces occasions réunissant des personnes différentes dans une activité commune constituent l'antidote au réseautage de clones.

Pour action

- Fuyez le réseau ronron.

- Soyez lucide sur le degré de clonage actuel de votre réseau.

- Élargissez votre réseau en évitant les clones.

- Recherchez systématiquement la compagnie de personnes très différentes de vous.

- Participez à de nouvelles activités qui vous sortent de votre routine quotidienne.

24

Investissez du temps dans les associations

« Pour rien au monde je ne voudrais intégrer un club
qui m'accepterait comme membre. »

Groucho Marx

Les associations d'anciens de grandes écoles, d'anciens d'entreprise, de groupes professionnels, de personnes exerçant le même métier, etc., représentent un élément clé et incontournable du Réseau. En période de crise, il faut faire partie de ces groupements. Cela dit, ne vous dispersez pas : adhérez à trois ou quatre associations pour faire du réseautage efficace. À vous de choisir celles-ci en fonction de vos objectifs et de votre intuition. Le Réseau vous aidera à trouver celles qui vous conviennent le mieux dans la mesure où il vous donnera les bonnes informations et les bons conseils pour peu que vous le sollicitiez.

En des temps incertains, rejoindre un groupe de pairs ou un groupe professionnel au sein d'une association constitue une façon efficace d'être en veille, de rester à la pointe de son métier et de pouvoir agir en prévision des événements plutôt que de réagir avec un temps de retard.

Mais être inscrit ne suffit pas. Encore faut-il se montrer actif et s'impliquer. Ce n'est pas parce que vous avez payé votre cotisation qu'il faut vous asseoir et attendre sagement que l'association vous donne ce que vous venez y chercher. En effet, les membres fantômes sont mal vus dans ces instances, au même titre que les profiteurs. Proposez des idées, animez des événements, participez à la vie de l'association. En agissant de la sorte, et pour peu que vous ne soyez pas le seul à vous démener ainsi, l'association deviendra plus efficace. De surcroît, vous bénéficierez d'une visibilité et d'une attractivité au sein de celle-ci qui faciliteront les mises en contact et le développement d'un réseau ciblé.

J'accorde beaucoup d'attention à l'univers des associations et je suis admiratif de sa richesse et de son dynamisme. Je décerne une mention spéciale aux associations de femmes qui se sont développées ces dernières années. On trouve ainsi des réseaux comme « Dirigeantes » qui regroupe des femmes qui occupent ou visent un poste de direction. Il existe aussi l'European Professional Women's Network Paris (EPWN) créé en 2001 par Avivah Wittenberg-Cox, l'auteur de l'excellent *Womeno-mics*, dans le but d'aider les femmes cadres à prendre des responsabilités de haut niveau.

D'autres réseaux féminins méritent d'être cités comme HRM Women, réseau créé par une chasseuse de têtes et dont le but est d'aider les femmes à accéder – et rester – aux commandes de leur entreprise. Dans le même registre, n'oublions pas Action de femme et Business and Professional Women France, instance nationale de cette puissante association internationale présente dans près de cent pays. Citons bien sûr le Women's Forum for the Economy and Society, animé par la pétillante Aude de Thuin, qui a réussi à transformer son rendez-vous annuel de Deauville en un succès mondial. Il y a aussi Femmes 3000, réseau féminin regroupant 2 500 membres. Pour sa part, Femmes Business Angels, d'une taille beaucoup plus réduite, mérite une attention particulière si l'on désire créer une entreprise. Enfin, Femme Leaders, fondé en 2000 par Nicole Barbin, a la particularité d'accueillir toutes les femmes sans exception, de la dirigeante à la femme au foyer, le seul critère de recrutement étant la volonté de combattre pour la parité.

Pour action

- Adhérez aux associations qui ont un sens pour vous.
- Payez vos cotisations.
- Participez activement aux manifestations organisées par celles-ci.
- Prenez des initiatives en leur sein.
- Pensez (si vous êtes une femme) aux réseaux féminins.

25

Ne déjeunez jamais seul

> « *Dîne en bien mauvaise compagnie*
> *celui qui dîne seul.* »
>
> Diderot

La plupart des apprentis réseauteurs confessent qu'ils n'ont pas le temps de faire du *networking*. Or, dans une période où travailler toujours plus peut sembler être le meilleur antidote face aux risques de perdre son emploi ou son chiffre d'affaires, il est vivement conseillé de ne pas sacrifier ses déjeuners et de les utiliser pour rencontrer un maximum de personnes.

Même si vous n'avez pas beaucoup de temps, prenez un sandwich ou une salade avec quelqu'un. Et surtout, ne déjeunez pas toujours avec les mêmes ! Programmez vos déjeuners à l'avance, avec des personnes de votre entreprise et avec des gens de l'extérieur. Profitez-en pour partager, échanger, informer et conseiller. Ne vous faites pas juste des contacts, faites-vous des alliés.

Pour cela, il faut dépasser les banalités d'usage et s'intéresser sincèrement aux préoccupations, questionnements et projets de son interlocuteur.

Le problème du manque de temps à consacrer au *networking* étant une réalité, la solution consiste à optimiser vos déjeuners de la semaine. Vous avez cinq déjeuners par semaine, soit 250 déjeuners annuels en retirant les vacances. Vous pouvez rencontrer 250 personnes différentes dans l'année sans que cela vous prenne plus de temps que ce que vous aviez l'habitude de faire avant.

Pour que ces déjeuners soient totalement efficaces, préparez-les en vous posant quelques questions avant de vous y rendre :

- qu'est-ce que je sais de lui ou d'elle ?
- que puis-je lui apporter ?
- que pourrait-il (ou elle) m'apporter ?

Je vous recommande d'appliquer cette idée pendant un mois et de mesurer les résultats : combien de personnes avez-vous revu pendant cette période ? Combien en avez-vous connu ?

Maintenant que vous avez compris l'intérêt de revisiter l'organisation de vos déjeuners, vous pouvez aussi étendre l'idée à quelques petits déjeuners, dîners, apéritifs et autres verres ou cafés.

En effet, les petits déjeuners, pour peu qu'ils soient pris tôt et ne s'éternisent pas, constituent une occasion supplémentaire de créer des opportunités de rencontres Réseau.

Pour les dîners Réseau, il est préférable de ne pas les systématiser si vous voulez sauvegarder votre vie de famille. L'intérêt de se retrouver le soir dans un restaurant est de permettre un échange plus détendu et sans contraintes de temps, contrairement aux déjeuners où il faut toujours garder un œil sur sa montre. Les spécialistes en la matière considèrent qu'un dîner vaut deux déjeuners en termes d'efficacité Réseau.

Pour action

- Évitez de déjeuner seul (sauf urgence absolue).

- Ne déjeunez pas toujours avec la même personne ou le même petit groupe.

- Programmez vos déjeuners à l'avance et ne les improvisez pas à la dernière minute.

- Réservez deux déjeuners par semaine avec des personnes de l'extérieur (anciens collègues, clients, fournisseurs, experts, etc.).

- Gardez deux déjeuners par semaine avec des collègues de votre entreprise que vous ne voyez pas souvent, avec lesquels vous travaillez peu.

- Ne prenez qu'un déjeuner par semaine avec vos amis et connexions proches de l'entreprise (patron direct, collaborateurs, collègue proche) : c'est amplement suffisant.

Donnez pour obtenir

*« La façon de donner vaut mieux
que ce qu'on donne. »*

Pierre Corneille

Les situations difficiles tendent à provoquer un repli sur soi et sur ses quelques proches. C'est le syndrome de l'hibernation qui consiste à se retirer dans sa grotte, avec sa famille et quelques réserves de nourriture, en attendant que les beaux jours reviennent. Cette stratégie est tout à fait compréhensible mais elle se révèle peu productive et peu intéressante pour l'individu et la communauté.

L'expérience des crises passées montre que la stratégie de la générosité – même si au début il faut se forcer – s'avère beaucoup plus performante et satisfaisante. Certains pensent que l'idéal est de ne rien devoir à personne. Car les dettes aliènent leur liberté. Erreur. Ce sont les dettes réciproques qui tissent les liens des personnes entre elles et qui renforcent les réseaux.

Donner apporte de grandes satisfactions. D'abord parce que cela démontre que l'on a quelque chose à transmettre. Ensuite parce que le sentiment d'utilité représente un besoin vital pour l'individu. Le donateur est gagnant car il crée du lien, il reçoit de la reconnaissance et il se sent meilleur, mieux intégré dans la société et apprécié par ses relations. D'autant plus qu'il est possible de donner beaucoup de choses : du temps, de la considération, de l'écoute, des conseils, des recommandations, des contacts, des idées, du réconfort, de l'information, etc.

Et si, en prime, on peut transformer un inconnu en un supporter, un fan, un allié, en quelqu'un qui va penser du bien de vous, pourquoi s'en priver ! Une bonne stratégie anticrise consiste donc à se mettre en position de donner à un moment où la majorité des individus se recentre sur sa survie personnelle et ses problèmes professionnels.

Mais, attention de ne pas tomber dans l'excès, comme le souligne Gérard Apfeldorfer dans *Les relations durables* : « *Donner sans laisser à l'autre le temps de donner en retour, ou bien trop donner et obliger l'autre plus qu'il ne le voudrait, c'est en somme l'écraser de sa générosité.* » De même, il ne faut pas tomber dans le piège des calculs arithmétiques où je mesure ce que je donne et ce que j'obtiens pour décider si je continue l'échange. Cette vision des choses est inappropriée car notre propre système de mesure est différent de celui de notre interlocuteur.

Cependant, méfiez-vous aussi des profiteurs. Ceux qui prennent tout mais ne donnent rien en retour. On les repère assez facilement. Ils se caractérisent par un empressement et un opportunisme qui sautent immédiatement aux yeux. Dès que vous croisez un énergumène qui adopte ce comportement, empressez-vous de l'éjecter de votre entourage.

Donner, c'est aussi savoir remercier. La personne de qui l'on reçoit attend en échange au minimum un mot ou un geste de remerciement. Ce n'est pas grand-chose en soi mais c'est essentiel à ses yeux. Or, par timidité, par manque d'éducation ou à cause d'une fierté mal placée, ce réflexe n'est pas automatique chez une partie des individus. Et ce qui peut être considéré comme un détail dans la relation d'échange entre deux individus se révèle un point de déception déterminant pour le futur.

Pour action

- Soyez généreux, n'ayez pas peur de donner.

- Si vous avez un savoir-faire, partagez-le.

- Donnez du temps, des conseils, des contacts.

- Donnez mais en ouvrant toujours une porte pour que l'autre puisse vous donner en retour.

- Méfiez-vous des profiteurs.

Proposez votre aide

> *« Personne ne se lasse d'être aidé. L'aide est un acte conforme à la nature. Ne te lasse jamais d'en recevoir ni d'en apporter. »*
>
> Marc Aurèle

La crise suscite des besoins, soyez prêt à y répondre.

Les gourous du *networking* nous ont appris que pour espérer recevoir, il fallait d'abord donner. Dans la mesure où une situation de crise suscite beaucoup de détresse et d'interrogations, elle représente pour tout réseauteur une opportunité de venir en aide à son réseau.

En parodiant le discours d'investiture de John F. Kennedy, je dirais qu'il convient de penser non pas seulement à ce que le Réseau peut faire pour vous, mais plutôt à ce que vous pouvez faire pour lui. D'autant plus que les difficultés qui se profilent vont certainement jeter beaucoup de monde sur le marché de l'emploi ou dans la quête aux nouvelles missions. Répondez présent si on vous sollicite car le Réseau bénéficie d'une excellente mémoire.

La crise constitue un moment clé pour démontrer votre sens de la solidarité. Ce dernier peut s'exprimer par la phrase magique qui ouvre les cœurs, déclenche les sourires et dégrippe les relations humaines. Cette dernière est simple et se résume à ces quelques mots : *« En quoi puis-je vous aider ? »*

Peu importe ensuite que votre interlocuteur accepte ou non votre proposition, il a enregistré le message positif que vous lui avez adressé et s'en souviendra pour vous solliciter ou pour vous aider à son tour.

Cette phrase magique est bien entendu tout aussi efficace dans ses différentes variantes :

- « Que puis-je faire pour vous ? »
- « En quoi puis-je vous aider ? »
- « En quoi mon réseau pourrait vous aider ? »
- « Accepteriez-vous mon aide ? »
- « Je serais heureux de vous aider, me le permettez-vous ? »

À vous de trouver la ou les formulations avec lesquelles vous êtes le plus à l'aise. Vous remarquerez que, dans les derniers exemples cités, l'astuce consiste à proposer son aide comme si l'on demandait une faveur ou une autorisation. Cela permet de mieux faire passer le message dans un contexte compliqué.

Pour action

- Pensez à proposer votre aide.
- Ciblez votre aide aux personnes que vous pouvez réellement aider.
- Allez jusqu'au bout de votre action d'aide.
- Faites particulièrement attention à la façon dont vous proposez d'aider.
- Aidez aussi les autres à vous aider.

28

N'oubliez jamais de demander

« Il est parti de rien et est arrivé à pas grand-chose. Mais il est fier de ne le devoir à personne. »

Oscar Wilde

En période de crise, il est temps de jeter aux orties la vieille et néfaste idée qu'il ne faut jamais demander et seulement attendre de recevoir ce que l'on mérite. Que d'opportunités et d'occasions ont été gâchées par l'application stricte de ce principe imbécile.

Le plus sûr moyen de ne rien obtenir, c'est de ne rien demander. Si vous avez un objectif ou des envies, et que vous ne les communiquez pas clairement, vous risquez de ne jamais les voir se réaliser. Et cela d'autant plus que la récession tend à renforcer cette mauvaise pratique.

L'ennui c'est que notre éducation judéo-chrétienne nous a hélas formatés à ne pas demander. En effet, nos parents nous ont appris à ne pas réclamer et à attendre de recevoir ce que l'on mérite.

Philippe, un cadre supérieur d'une société leader du secteur de l'énergie, me confiait que, pendant des années, il avait été très fier de n'avoir jamais demandé une seule augmentation. Aujourd'hui, il s'en mord encore les doigts en comprenant qu'il appliquait la croyance idiote que les mérites sont automatiquement reconnus et récompensés par tout employeur digne de ce nom.

Notre éducation ne nous a pas inculqué l'art de demander. On nous a fait croire que nous obtiendrions ce que nous méritons. Beaucoup de personnes n'osent pas demander afin d'éviter de se mettre en position de quémandeur, perçue comme inférieure. Combien de carrières, de promotions, d'augmentations de salaire, de changements de vie professionnelle ne se sont pas réalisés en raison de cette croyance aussi fausse que handicapante ? Trop de personnes adoptent la mentalité de Lucky Luke, le « pauvre cow-boy solitaire », qui n'a besoin de personne pour régler les problèmes qui jalonnent son chemin. L'expérience montre que cette attitude ne mène pas à grand-chose dans un monde du travail de moins en moins hiérarchisé, où le réseau professionnel facilite les coopérations indispensables au succès.

Une autre excellente façon de ne rien obtenir consiste à effectuer des demandes inopportunes ou maladroites. Réfléchissez bien aussi à ce que vous demandez. Non seulement votre demande doit être formulée en fonction de l'objectif que vous poursuivez, mais il faut aussi l'adapter à ce que peut vous apporter votre interlocuteur. En d'autres termes, il est essentiel de lui adresser une requête à laquelle il puisse répondre positivement. Si vous lui demandez l'impossible, il sera fortement embarrassé et il est probable que votre relation avec lui s'en trouvera affectée.

La demande doit être facile à satisfaire. Si, en plus, elle est valorisante pour la personne sollicitée, c'est encore mieux. En effet, répondre à une question s'avère un exercice gratifiant qui permet d'afficher son expertise. Et pour optimiser la relation, il faut prendre soin de remercier par écrit et rester en contact de façon pertinente, c'est-à-dire en fournissant à son tour de l'information ou des conseils.

Pour action

- N'hésitez pas à demander.

- Ne demandez que ce que l'on peut vous donner.

- Adaptez votre demande en fonction de votre employeur.

- Soyez très attentif à la formulation de votre demande.

- Pensez toujours à remercier pour ce que l'on vous donne.

Cherchez maintenant votre prochain job

« J'ai trouvé un nouveau job. Cela consiste à aider les
stripteaseuses à se rhabiller après leur numéro.
C'est payé 50 $ l'heure…
C'est tout ce que je pouvais mettre. »

Woody Allen

En période de crise, le salarié en poste adopte fréquemment la stratégie de la tortue lobotomisée : il se réfugie sous sa carapace en attendant que l'orage passe. Conséquence : les quelques entreprises qui veulent embaucher se heurtent à la frilosité des candidats qui ne veulent pas prendre le risque de quitter leur job actuel pour affronter les aléas d'une période d'essai. Aussi, pour les professionnels qui n'ont pas froid aux yeux, les périodes de récession regorgent d'opportunités pour prendre des postes délaissés par ces cadors rendus timorés par l'atmosphère de crainte ambiante.

La crise peut aussi vous conduire à chercher un nouvel emploi à la suite d'un licenciement. Dans ce cas, il faut savoir que les chasseurs de têtes, les cabinets de recrutement, les petites annonces et les *job boards* (annonces sur Internet) ne couvrent qu'une part réduite du marché de l'emploi. Et, manque de chance, en période de vaches maigres, les offres qui transitent par ces officines se raréfient. En effet, la plupart des postes disponibles sont cachés et, pour y accéder, le meilleur vecteur est sans conteste le *networking*. Mais attention, ne vous lancez pas dans une quelconque improvisation ! Il existe une technique précise à appliquer et je vous renvoie à mon livre *Trouver le bon job grâce au Réseau* pour en connaître tous les détails.

Le *networking* en période de recherche d'emploi constitue le meilleur moyen de contourner les quatre dictatures du marché de l'emploi à savoir :

• la dictature du CV : on regarde votre CV en 20 secondes et on ne vous rencontre jamais ;

• la dictature du copié-cloné : on cherche le clone de la personne qui a quitté le poste et le clone ce n'est jamais vous ;

• la dictature de l'âge : la Halde le confirme, on est senior à 47 ans ;

• la dictature du diplôme : ne pas avoir le bon diplôme en France est un lourd handicap.

Les spécialistes de l'outplacement considèrent que plus de 70 % des postes de cadres confirmés passent par le Réseau. Aussi, ne pas utiliser cet outil vous condamne à passer à côté du bon job, ce poste pour lequel vous êtes le candidat parfait mais qui va vous échapper. En d'autres termes, la plus grande erreur en période de recherche d'emploi consiste à ne pas utiliser le *networking*. Ou alors à mal l'utiliser.

Pour action

• Ne misez pas tout sur les moyens classiques de recherche d'emploi.

• Apprenez les règles du jeu du réseau.

• Ayez un projet professionnel et des cibles identifiées.

• Sortez de votre réseau proche et utilisez l'arme de la recommandation.

.../...

- Demandez tout… tout sauf un job.
- Assurez le suivi de vos contacts pour faire de ceux-ci des alliés.
- Ou achetez mon livre « Trouver le bon job grâce au Réseau ».

30

Prenez des risques

« *Les risques et conséquences qui découlent de l'action ne sont rien comparativement aux risques et conséquences d'une confortable inaction.* »

John F. Kennedy

La crise, on l'a vu, représente une formidable excuse pour ne pas prendre de risques. Cette attitude qui se manifeste dans tous les compartiments de la vie politique, sociale et économique produit une spirale négative d'attentisme, d'immobilisme et de perte de confiance dans l'avenir qu'il est difficile d'inverser. Cela me fait penser à l'histoire vraie de ce couple anglais féru de Nostradamus qui, nourri des prévisions apocalyptiques d'une troisième guerre mondiale au tout début des années 1980, décida de liquider l'ensemble de ses biens pour s'installer dans un des coins les plus reculés de la planète. Ils choisirent les îles *Falklands*. Quelques mois après leur installation, les Argentins envahissaient militairement ces possessions anglaises et déclenchaient la guerre des Malouines.

Le plus grand risque en matière de crise, c'est de ne pas prendre de risques. C'est facile à dire sur le papier, c'est beaucoup plus difficile à faire lorsque l'on mesure tout ce que l'on pourrait perdre en cas d'échec.

Qui ose, gagne. C'est le credo du Docteur Susan Jeffers qui l'explique dans son livre *Tremblez mais osez*. Pour elle, c'est la peur qui entrave notre capacité d'action. La crainte nous paralyse et nous empêche de réaliser le potentiel que nous avons en nous, elle distille son venin dans notre esprit nous faisant préférer une attitude de passivité et de victime face aux événements et aux personnalités affirmées. Or, la peur peut être vaincue. Selon le Docteur Susan Jeffers, une simple rééducation de l'esprit est capable de la contrôler. Il s'agit non seulement d'accepter la vie et ses aléas mais aussi et surtout de transformer sa peur en énergie positive. L'important est d'être là où les choses se passent. Ce n'est pas en restant confortablement assis chez soi que les événements vont miraculeusement se dénouer en notre faveur.

Mais avant de se lancer dans une nouvelle aventure, il est nécessaire de vérifier que cela en vaille la peine. Il est inutile, en effet, de mettre toute son énergie dans une cause perdue d'avance ou dans un projet voué à un échec certain.

En revanche, il ne faut pas craindre l'échec. Le skieur qui ne tombe plus ne progresse plus. Cela veut dire qu'il skie « en dedans », à 70 % de ses possibilités. Dans la vie professionnelle, c'est la même chose. Pour éviter le moindre échec, on ne prend aucun risque.

Comme l'affirmait Hérodote il y a quelques siècles : « *Il faut prendre de grands risques pour accomplir de grandes choses.* »

Pour action

- Prenez des risques quand les autres n'en prennent pas.
- Mesurez les risques avant de vous lancer mais décidez-vous vite.
- Lancez-vous et persévérez.
- Acceptez l'échec.
- Tirez les leçons de vos erreurs pour mieux rebondir.

31

Préparez-vous
à l'imprévu

> « *Pour ce qui est de l'avenir, il ne s'agit pas
> de le prévoir mais de le rendre possible.* »
>
> Antoine de Saint-Exupéry

S'il y a un livre qu'il fallait avoir lu avant la bourrasque économique actuelle, c'est bien *The Black Swan* de Nassim Nicholas Taleb. En avril 2007, l'auteur écrivait : « *Nous n'avons jamais vécu auparavant sous la menace d'un effondrement global. Les institutions financières ont fusionné en un tout petit nombre de grandes banques. Presque toutes les banques sont liées entre elles. De la sorte l'écologie financière prend la forme de banques gigantesques, bureaucratiques et incestueuses. Si l'une d'elles fait défaut, toutes chutent... La globalisation crée un emboîtement de fragilités tout en donnant l'illusion de la stabilité. En d'autres termes, elle crée des "black swans" dévastateurs.* »

Nassim Nicholas Taleb appelle un cygne noir un événement inattendu, à fort impact et dont la logique n'est lisible qu'après coup. Il nous alerte sur la confiance exagérée que l'on place dans les calculs de probabilité et dans les prévisions les plus sophistiquées. Ces outils ont beau intégrer un nombre exponentiel de données, ils ont une fâcheuse tendance à ne pas prévoir les accidents climatiques, politiques et économiques. Comme le dit Taleb : « *L'histoire ne rampe pas, elle fait des sauts.* »

Dans un monde dominé par l'extrême inconnu, l'imprévisible et l'improbable, force est de changer notre façon d'appréhender l'avenir. Cessons de penser et de vouloir agir avec les cadres et les catégories du xxe siècle. L'histoire du xxie siècle est dominée par l'incertitude et la volatilité, les ruptures et les surprises de tous ordres. Mieux vaut en effet être prêt à vivre de nouvelles ruptures que de se rassurer en louchant sur les moyennes statistiques.

Dans ce type de situation, il est nécessaire d'être adaptable. Comme personne ne sait quelle bonne ou mauvaise nouvelle tombera demain, il est plus que judicieux de se laisser une marge de manœuvre et de ne pas rester accroché, telle la moule sur son rocher, à une stratégie définie dans des circonstances depuis dépassées.

Hugh Courtney, économiste et auteur de *20/20 Foresight : Crafting Strategy in an Uncertain World*, distingue quatre niveaux d'incertitude :

niveau 1 : l'avenir est clairement prévisible ;

niveau 2 : il existe un nombre limité d'hypothèses ;

niveau 3 : la gamme de futurs possibles est large ;

niveau 4 : l'incertitude est reine dans la mesure où il n'existe même pas de possibilités de futurs identifiables.

Interrogé en décembre 2008 par *McKinsey Quaterly*, Hugh Courtney considère que la crise actuelle nous positionne beaucoup plus dans une situation de niveaux 3 et 4 que ce que nous pensions il y a encore quelques mois.

Pour action

- Préparez-vous à toutes les hypothèses.

- Soyez ouvert à l'imprévu.

- Prenez le temps d'analyser la nouvelle donne.

- Ayez des plans B, C et D dans vos tiroirs.

- Ne considérez pas les prévisions comme parole du Christ.

32

Soyez dans l'action plutôt que dans la réaction

*« Le fer se rouille faute de s'en servir, l'eau stagnante
perd de sa pureté et se glace par le froid ; de même
l'inaction sape la vigueur de l'esprit. »*

Léonard de Vinci

Si la réflexion doit précéder l'action, elle ne doit surtout pas la cannibaliser. Or, dans un monde qui bouge rapidement, quand on reste assis trop longtemps, on se fait écraser tôt ou tard, même si l'on est sur la bonne route.

Og Mandino, pape de la pensée positive aux États-Unis, donnait le conseil suivant :

• « Si tu te sens insignifiant, concentre-toi sur tes objectifs.

• Si tu te sens triste, ris.

• Si tu te sens déprimé, chante.

• Si tu te sens pauvre, pense aux richesses à venir.

• Si tu te sens incompétent, pense à tes succès passés.

• Si tu as peur, agis. »

En période de crise, on a généralement tendance à se positionner beaucoup plus dans la réaction que dans l'action. De ce fait, on est tributaire des événements et en adaptation plus ou moins pertinente à leur dictature. À la longue, on devient attentiste et suiveur. Nos actions sont alors dictées de l'extérieur et nous perdons le sens de nos propres priorités. Cette situation mène à un cercle vicieux qui rappelle les expériences que le Professeur Henri Laborit faisait subir à ses souris de laboratoire pour mesurer leur résistance au stress. Il avait ainsi popularisé les conclusions de son travail dans un livre au titre évocateur et synonyme de survivance : *Éloge de la fuite.*

L'action, si elle est au service d'un objectif déterminé, constitue la clé de la survie. Le problème est que beaucoup de personnes se sentent paralysées lorsqu'il faut se mettre en mouvement. Elles hésitent, doutent ou procrastinent. La solution réside dans le fait de commencer par de petits actes positifs. Il suffit en effet d'une suite d'actions mineures pour produire ce qui se révélera un mouvement important. C'est le principe de l'épidémie : pour déclencher une vaste contagion, il faut d'abord créer de petits foyers de contamination.

Lorsqu'on se trouve devant un projet qui nous paraît insurmontable, la meilleure façon de l'aborder consiste à le découper en plusieurs tâches de taille réduite. Ensuite, il faut commencer, dès que possible, par la première action programmée. Je rencontre beaucoup de personnes qui aimeraient écrire un livre et qui sont effrayées par la masse de travail que cela représente. En découpant le travail de recherche, d'interviews, de plan, d'écriture et en scindant la rédaction elle-même en phases réduites, cela devient possible.

On peut aussi affirmer que l'efficacité naît de l'action. C'est ce qu'Albert Bandura, psychologue américain, démontre au fil des pages de son livre *Auto-efficacité : le sentiment d'efficacité personnelle.* Pour lui, l'efficacité est fortement liée à la croyance que l'individu a en sa propre capacité à réussir une action donnée. Si la personne considère qu'elle a en elle les ressources pour mener à bien la mission confiée ou choisie, elle possède toutes les chances d'y arriver. Dans le cas contraire, l'échec est prévisible. Il ne s'agit donc pas d'autosuggestion mais d'action entreprise sur la base de la certitude de réussir.

Plus la personne concernée est persuadée de pouvoir réussir, plus elle agit et atteint ses objectifs. Plus elle réussit, en acquérant ou imitant des comportements adaptés, plus elle se fixe – ou accepte – des tâches de plus en plus difficiles.

Pour action

- Choisissez le camp de ceux qui agissent.

- Déterminez votre objectif.

- Découpez votre action en une suite de plus petites actions.

- Mettez-vous dans l'action dès que possible.

- Corrigez le tir tout au long du processus.

33

Fiez-vous à votre intuition

« C'est avec la logique que nous prouvons et
avec l'intuition que nous trouvons. »

Henri Poincaré

Dans nos sociétés occidentales baignées d'analyse, de rationa-
lité, de logique, de certitudes et de modélisation, l'intuition
est considérée comme un anachronisme d'un autre âge. Le bon
élève façonné par l'esprit cartésien de ses maîtres a appris à se
méfier de son instinct et à s'en tenir à l'analyse factuelle et
déductive. Si, en situation de croissance économique régulière,
ce pli éducatif produit des effets positifs, ce n'est plus le cas en
période de crise. Ainsi, malgré la puissance de milliers d'ordinateurs dédiés à l'analyse des mouvements financiers et les
tonnes de matière grise rivées aux écrans d'ordinateurs des
grandes banques, la très grande majorité des spécialistes a été
incapable de distinguer les signes avant-coureurs de ce qui
s'avère être une crise mondiale majeure.

Il a fallu que quelques auteurs dont Malcolm Gladwell et
David Myers s'intéressent et publient chacun un ouvrage sur le
sujet de l'intuition pour que l'on commence à réhabiliter ce
bon vieux sixième sens que nos sociétés avaient relégué au
placard.

Malcolm Gladwell, dans son livre *La force de l'intuition*, explique en quoi notre cerveau possède une extraordinaire capacité à
intégrer et lire une multitude de données que notre conscience

ne perçoit pas. C'est ce qu'il appelle le « balayage superficiel ». Le cerveau fonctionne comme un ordinateur personnel. Il effectue certaines tâches dont vous avez conscience, et d'autres que vous ne percevez pas du tout. Il enregistre en permanence un nombre considérable d'informations sans que l'on s'en aperçoive, ce qui, *in fine*, influence notre perception et notre jugement. Plus le cerveau travaille sur des sujets différents, plus il est capable d'établir des liens inattendus entre eux, ce qui développe l'intuition. Plus votre « encyclopédie interne » sera fournie et constamment alimentée, plus votre intuition sera favorisée. Cette ressource exceptionnelle est en chacun de nous et elle s'exerce d'autant mieux si, tout au long de l'existence, nous avons été confrontés à une grande masse d'informations.

Aussi, en situation de crise, il convient de faire confiance à son instinct. Il faut savoir prendre de la distance avec l'analyse logique et écouter sa petite voie intérieure. L'inconscient peut garantir la survivance. Il peut générer le bon réflexe, le réflexe de survie.

Maxime Aïach, le fondateur d'Acadomia, la société de soutien scolaire à domicile, n'a pas fait d'études de marché pour lancer sa société en 1989. Il s'est fié à son intuition. Elle est aujourd'hui n°1 dans son domaine et ne cesse de croître sur un marché pérenne. Dans le même registre, la légende veut que ce soit en regardant des usagers attendre le bus sous une pluie battante que Jean Claude Decaux ait eu l'intuition géniale de ce qui allait devenir les indispensables abribus des petites et grandes villes du monde.

Pour action

- Faites plus généralement confiance à votre sixième sens.

- Devant une situation nouvelle, écoutez ce que vous dit votre intuition.

- Confrontez vos intuitions à votre analyse logique.

- Quand votre instinct vous dit de ne pas y aller, n'y allez pas.

- Sollicitez et intéressez-vous aux intuitions des autres.

34

Investissez dans la confiance

« Demandez-vous… sans pitié : est-ce que j'inspire confiance ? I-N-S-P-I-R-E-R. Le grand mot. Est-ce que je rayonne la confiance ? Pensez-y. Très sérieusement. »

Tom Peters

En situation de crise, le doute, la méfiance, la peur et la crainte sont des valeurs en hausse. Tout un système financier, bancaire et économique a montré ses limites et sa fragilité. Des managers jusque-là arrogants et respectés se sont révélés dépassés, incompétents et cupides. La défiance s'est insinuée dans l'esprit des populations et distille insidieusement son poison dans les échanges entre les individus. Si bien que toute demande ou sollicitation est considérée avec le filtre de la suspicion. Le moins que l'on puisse dire, c'est que cette attitude générale ne constitue pas un facteur favorisant la sortie de crise.

Autre mauvaise nouvelle, la France fait partie des leaders mondiaux de la méfiance. En effet, dans leur livre *La société de défiance*, Yann Algan et Pierre Cahuc constatent avec effroi qu'à la question : « *En règle générale, est-il possible de faire confiance aux autres ?* », la France, avec un score affirmatif de seulement 22 %, se situe en 24e position sur les 26 pays étudiés. Elle arrive donc en queue de classement, juste devant la Turquie et le Portugal…

Il n'existe pas de meilleur accélérateur de reprise économique que la confiance. C'est un capital inestimable qui mérite la plus grande attention et que l'on peut facilement faire fructifier. Car, comme le dit Warren Buffett : « *Il faut 20 ans pour bâtir une réputation et cinq minutes pour la détruire.* »

La capacité à inspirer, instaurer, développer, accorder et restaurer la confiance constitue une compétence incontournable dans le monde en mutation rapide qui nous entoure. À ce titre la confiance représente dans la vie personnelle, dans la vie professionnelle et dans le business un avantage stratégique encore largement méconnu.

Stephen R. Covey, l'auteur de l'ouvrage *Le pouvoir de la confiance,* considère en effet que celle-ci va devenir, plus que jamais, la priorité n°1 dans les années à venir et qu'elle représente un excellent investissement pour toute personne qui veut réussir et prospérer dans la période incertaine actuelle. En faisant cette prédiction, il ne prend pas beaucoup de risques car la fin de l'année 2008 a été marquée par un écroulement de la confiance accordée à des acteurs considérés jusque-là comme solides, sérieux et stables.

Comment inspirer confiance ? D'abord, il est essentiel de tenir ses engagements. Si vous n'êtes pas sûr de pouvoir remplir vos promesses, n'en faites pas. Il convient aussi de bannir l'expression « *je vais essayer* » ou « *je vais faire de mon mieux pour y arriver* » de votre vocabulaire. La confiance exige que vous vous engagiez à fournir un résultat précis. Elle commande aussi que vous assumiez vos décisions et vos actes. Inspirer confiance doit aussi vous conduire à reconnaître vos erreurs et surtout à les corriger. Il s'agit de savoir affronter la réalité, d'éviter les non-dits et de savoir trancher lorsque la situation l'impose. Enfin pour être considéré comme une personne sûre, il faut savoir préciser les attentes, les reformuler, les valider pour éviter tout malentendu au départ et des conséquences souvent désastreuses à l'arrivée.

Pour action

- Apprenez à accorder votre confiance.
- Misez sur l'intégrité et l'honnêteté, deux valeurs en forte hausse en période de flottement général.
- Dites la vérité, ne dissimulez pas.
- Faites preuves de respect vis-à-vis de vos interlocuteurs.
- Tenez vos engagements.
- Soyez loyal et fidèle.

35

Recherchez la confrontation

*« Je suis totalement d'accord avec le contraire
de ce que vous venez de dire. »*

Winston Churchill

Quand les affaires roulent et que la croissance est en rendez-vous, la recherche du consensus constitue un mode de manage-ment courant. Pourquoi en effet créer des situations de confrontation si, quelle que soit la décision prise, le risque pris est limité par l'environnement économique positif ?

En revanche, en cas de gros temps, il ne faut pas craindre de se confronter aux autres dans la mesure où les décisions ont un impact crucial sur la survie de l'entreprise, du business ou de l'équipe. Il convient donc de ne pas craindre la confrontation en gardant à l'esprit que celle-ci ne doit jamais dégénérer en conflit ouvert et contre-productif.

On peut ainsi s'inspirer du judo en appliquant les cinq princi-pes édictés par son créateur, Jigoro Kano :

1. observez-vous soigneusement, observez votre situation et ce qui vous entoure et observez les autres ;

2. prenez l'initiative dans tout ce que vous entreprenez ;

3. agissez de façon décisive ;

4. sachez quand vous arrêter ;

5. restez au milieu.

La victoire s'obtient en acceptant la force de l'adversaire, en s'y adaptant et en en tirant profit. Mais, contrairement au judo, il n'est pas question qu'il y ait un vainqueur, il s'agit uniquement que la meilleure option pour le projet ou pour l'équipe soit choisie.

La confrontation doit permettre de challenger les idées et les opinions des autres. À ce titre, il faut retenir que la meilleure façon d'opérer consiste à remettre en cause le propos mais pas la personne. C'est ce que l'on apprend dans la communication non agressive. Au lieu de prononcer le mortel : « *Tu as tort* », il est préférable de s'exprimer en disant : « *Je comprends ton point de vue. J'en ai un autre à te proposer.* »

De même, il peut être extrêmement utile de reformuler ce que l'on a compris de l'opinion émise par son interlocuteur. Et cela d'autant plus si l'on est pas d'accord avec ce qui a été exprimé. L'expérience montre en effet que très souvent on a une mauvaise compréhension de ce que pense l'autre. On se fait sa propre idée de ses convictions et on a tout faux. C'est la porte ouverte à la mécommunication, au malentendu et au conflit déclaré. À ce titre, n'oubliez pas que pour régler un conflit entre deux personnes, une bonne méthode consiste à demander à chacun d'exprimer l'opinion de l'autre.

Pour action

- Méfiez-vous du consensus mou.
- Forcez-vous à écouter jusqu'au bout – n'interrompez jamais votre interlocuteur.
- Questionnez et forcez l'autre à préciser son point de vue.
- Challengez ses idées.
- Mais respectez toujours la personne.
- Ne cherchez pas le problème et la victoire de vos idées mais la solution la plus efficace.

36

Racontez des histoires

*« Aujourd'hui, je vais vous raconter trois histoires de
ma vie. Pas de grand discours. Juste trois histoires. »*

Steve Jobs – Université de Stanford, 2005

Les faits et les chiffres constituent encore les bouées auxquels
s'accrochent désespérément les victimes de la crise. Ils utilisent
ces éléments rationnels pour se rassurer et rassurer leurs interlocuteurs. Ils ne voient pas, hélas, que ces faits et chiffres, issus
du passé, éclairent difficilement l'avenir.

Les spécialistes de la communication de crise ont compris une
chose que les grands publicitaires ont intégrée depuis
longtemps : pour marquer les esprits et surtout pour faire
vibrer les gens sur un projet ou une vision d'avenir, il faut
raconter des histoires. Cela s'appelle le *storytelling*.

Nous sommes programmés génétiquement pour écouter et
raconter des histoires. Les enfants réclament dès leur plus jeune
âge qu'on leur lise ou raconte des contes, puis ils regardent des
histoires à la télévision et au cinéma. En même temps, ils se
racontent des histoires dans la cour de récréation et ils vivent
d'autres histoires sur les jeux vidéo.

Christian Salmon explique très bien ce phénomène du *storytelling* dans son livre éponyme. Il décrit comment cette technique
de communication a envahi tous les secteurs de la vie politique, économique, sociale et *people*. L'essentiel s'incarne mieux
au travers d'une histoire bien ciselée. Celle que l'on raconte
doit faire passer de façon simple et impactante l'idée que l'on

défend. Rappelons-nous la guerre des histoires que se sont livrés John McCain et Barack Obama dans les élections présidentielles américaines de fin 2008.

Or, dans notre vie professionnelle, nous racontons tous des histoires. Elles font partie des échanges quotidiens avec les patrons, pairs, collaborateurs, clients et fournisseurs. Seulement nous le faisons à la manière de Monsieur Jourdain de Molière : spontanément, sans réflexion en amont, sans réel objectif et sans formatage particulier. En d'autres termes nous utilisons, en sympathique amateur, un des outils les plus sophistiqués des professionnels de la communication. En conséquence nous ne nous servons que de 20 % des possibilités de cette arme de persuasion massive.

La crise constitue l'opportunité idéale pour s'approprier le *storytelling* et en faire une meilleure et plus grande utilisation. Vos clients, patrons, collaborateurs et autres interlocuteurs ont envie d'entendre des histoires implicantes plutôt que d'écouter de savants raisonnements et des litanies de chiffres.

Un dernier conseil : n'improvisez pas. Winston Churchill était un formidable orateur et un exceptionnel conteur d'histoires. Il avait coutume de dire : « *Mes meilleures improvisations, ce sont celles que j'ai préparées le plus minutieusement.* »

Pour action

- À chaque fois que vous devez faire une intervention, interrogez-vous sur la possibilité de la faire non pas sur PowerPoint mais sous forme de *storytelling*.
- Notez sur un cahier (ou dans votre PC) toutes les histoires que vous avez décidé d'utiliser.
- Écoutez les histoires des autres et décortiquez-les pour en comprendre les facteurs d'impact.
- Préparez vos histoires, ciselez-les, répétez-les.
- Ayez au moins une histoire pour chaque grande idée que vous défendez.

37

Développez votre intelligence émotionnelle

« Nous ne voyons pas les choses telles qu'elles sont.
Nous les voyons telles que nous sommes. »

Anaïs Nin

Tout le monde connaît la notion de QI, le célèbre Quotient Intellectuel développé et popularisé par Binet au début du xxᵉ siècle pour mesurer les aptitudes et sélectionner les individus selon des critères de logique, de représentation et de déduction. S'il est moins à la mode aujourd'hui, le QI représente toujours une norme respectée et l'individu qui se targue d'un score supérieur à 140 est encore regardé avec considération.

Mais le QI ne mesure qu'une partie de l'intelligence. Un certain nombre de chercheurs dont Peter Salowey, John Mayer, Howard Gardner, Reuven Baron et Daniel Goleman, ont développé et popularisé un concept original et complémentaire : le Quotient Émotionnel, QE en abrégé.

Comme l'explique Daniel Goleman dans son best-seller *L'intelligence émotionnelle*, le QI d'une équipe n'est pas la somme des QI individuels mais dépend de l'intelligence émotionnelle du groupe. Il précise : « *La clé d'un QI collectif élevé réside dans l'harmonie sociale. C'est cette capacité à s'harmoniser qui rendra un groupe particulièrement talentueux et productif et couronnera de succès ses efforts, alors qu'un autre groupe, dont les membres possèdent des talents et un savoir-faire égaux à d'autres égards, obtiendra des résultats médiocres.* »

Janet Caplan et Robert Kelley, deux sociologues américaines, observaient que les meilleurs cadres de Bell – ceux qui obtenaient les meilleurs résultats – se distinguaient de leurs pairs par le temps qu'ils consacraient à nouer de bonnes relations avec les personnes dont ils pouvaient avoir besoin dans les moments critiques. Ils se donnaient ainsi les moyens de constituer rapidement une équipe « commando » efficace en cas de difficultés ou de crise. Ils perdaient moins de temps que la moyenne de leurs collègues pour obtenir la bonne information et les bons conseils, et cela grâce à leur réseau.

L'intelligence émotionnelle constitue un atout majeur pour aborder la crise et les comportements qu'elle suscite. Contrairement au Quotient Intellectuel qui n'évolue plus à partir du début de la vie adulte, le Quotient Émotionnel peut se travailler et s'améliorer. Il existe aujourd'hui un outil de mesure de cette forme d'intelligence : le BarOn. Personnellement, je l'utilise maintenant systématiquement avec les personnes que j'accompagne dans leur trajectoire professionnelle. Il permet d'identifier les points forts et les points d'amélioration de son intelligence émotionnelle sur un certain nombre de facteurs comme : la considération pour soi, la conscience de ses émotions, l'empathie, la résistance au stress, la joie de vivre, etc. À côté des outils de mesure classiques tels que le MBTI, le Predom, la Process Com, ce nouveau venu apporte une réelle valeur ajoutée.

Pour action

- Lisez *L'intelligence émotionnelle* de Daniel Goleman.
- Développez et montrez votre empathie.
- Identifiez et nommez vos émotions.
- Exprimez et partagez vos émotions.
- Maîtrisez vos pulsions.

38

Pensez et agissez
de façon disruptive

*« Désormais, il n'y a pas de changement sans rupture ;
le changement est discontinuité. En conséquence,
les évolutions graduelles, les ajustements successifs
sont de peu de secours. »*

Jean-Marie Dru

Dans la pensée publicitaire outrageusement dominée par les Américains, un Français a su s'imposer comme un exceptionnel contributeur : Jean-Marie Dru, l'actuel Président monde de TBWA. En 1997, il a révolutionné le monde publicitaire en édictant une nouvelle vision stratégique qu'il a appelé la « disruption ». Son talent de communicant a fait le reste car il a réussi non seulement à imposer son concept auprès des publicitaires américains – ce qui n'est pas une mince affaire – et surtout à le faire passer dans le vocabulaire du management moderne.

La disruption est un mode de pensée qui remet en cause l'ordre établi et les idées reçues et propose une vision nouvelle et rupturiste, apte à dynamiser ou faire grandir plus vite. Cette méthode fait la chasse aux modes de pensée répétitifs, aux certitudes rassurantes et à l'immobilisme ronronnant. Elle impose de refuser le conformisme de la pensée et de s'affranchir des règles existantes pour en imaginer de nouvelles. Comme le dit Dru : *« La disruption a partie liée avec l'idée de changement. En théorie tout le monde est pour le changement. En pratique, chacun est plus à l'aise dans le confort du statu quo. »*

Le sauteur en hauteur américain, Dick Fosbury, représente la meilleure illustration de la disruption. Aux Jeux olympiques de Mexico, il a battu tous ses rivaux (qui sautaient encore avec la technique conventionnelle du « rouleau ventral ») en utilisant une technique révolutionnaire de saut sur le dos adoptée depuis par tous les spécialistes de la discipline. Cet exemple souligne le fait qu'adopter une démarche disruptive ne consiste pas à faire exactement le contraire de ce qui était fait jusquelà, mais à trouver une façon plus efficace de faire mieux que la pratique considérée jusque-là comme la seule valable.

Il n'existe pas de disruption solide et pérenne si une réelle convention n'a pas été battue en brèche. Toute crise représente donc un terreau fertile pour appliquer les idées de J.-M. Dru. Le concept de disruption ouvre des perspectives nouvelles pour celui qui l'adopte. Il est source de développement et de dynamisation. Appliqué à l'échelle de l'individu, il consiste à identifier les conventions qui entravent votre vie professionnelle actuelle et à les battre en brèche afin de bâtir une nouvelle voie plus intéressante et gratifiante. Cette approche bien menée peut être extrêmement passionnante car elle est porteuse de révélations et de réelle remise en cause. La crise actuelle constitue une excellente occasion d'utiliser la disruption comme mode de pensée pour prendre conscience de la voie que vous suivez et d'envisager des options plus en phase avec vos attentes profondes.

Pour action

- Identifiez les conventions qui règlent votre vie professionnelle.

- Ouvrez le champ des possibles.

- Recherchez de nouvelles visions par un questionnement de type : « *Et si...* »

- Choisissez une vision d'avenir.

- Bâtissez le scénario de sa mise en place et appliquez-le.

39

Investissez dans une innovation de rupture : la politesse

« La politesse coûte peu et achète tout. »

Montaigne

Les périodes de crise correspondent souvent à un retour aux valeurs sûres. La politesse constitue l'exemple type d'une pratique qui se perd faute d'enseignement et de pratique quotidienne. Or, dans la vie professionnelle, elle constitue un avantage concurrentiel indiscutable. C'est le moment d'investir sur une des seules valeurs qui, aujourd'hui, produit des intérêts à court, moyen et long terme.

Aujourd'hui, sous prétexte que nous sommes quotidiennement submergés d'appels et de mails, nous ne prenons pas le temps de répondre aux personnes qui prennent contact avec nous. En termes de courtoisie, c'est une faute. En ce qui concerne l'image que vous projetez, c'est une erreur. Aussi, prenez la bonne habitude de répondre systématiquement et rapidement aux personnes qui ont essayé de vous contacter par téléphone ou par mail.

Revenir rapidement vers son interlocuteur peut constituer un point de différence. La personne que l'on rappelle vite se sent valorisée, prise en compte et écoutée. Celui que l'on ne recontacte pas peut se vexer, perdre la confiance qu'il a en vous et médire derrière votre dos. Dans le cas où vous ne pouvez pas joindre vos correspondants, laissez un message ou envoyez un mail.

De même, ne prenez pas vos appels quand vous êtes en réunion et ne consultez pas frénétiquement vos mails sur votre Blackberry quand un de vos collègues ou un de vos conseils vous parle ou fait une présentation. C'est là encore une question de politesse mais aussi une occasion de montrer une image responsable, courtoise et sereine de vous.

De même, lorsque vous répondez à un mail, faites l'effort de toujours saluer la personne et de terminer votre message par une formule de politesse.

Bien entendu, avant de vous rendre dans un pays que ne vous connaissez pas bien, renseignez-vous sur les principes de bienséances locaux. Cela vous évitera beaucoup de mésaventures. Par exemple, il est obligatoire de comprendre la façon dont les Japonais vivent l'échange des cartes de visite professionnelles pour ne pas commettre d'impair au début d'une relation commerciale. De même, l'heure de démarrage d'une réunion n'a pas du tout la même signification en Allemagne qu'en France. Le comprendre et s'y adapter permet de marquer des points pour créer un partenariat dans la durée.

Pour action

- Achetez un livre sur les règles de politesse.

- Remerciez toujours les personnes qui vous rendent service ou qui vous envoient quelque chose.

- Pensez à toujours rappeler vos interlocuteurs qui vous ont laissé un message.

- Pensez à répondre à tous vos mails, ne serait-ce que par quelques mots.

- Coupez votre téléphone mobile quand vous êtes en conversation ou en réunion avec vos interlocuteurs.

40

Trouvez le bon contexte

« *Vous pouvez rester longtemps au bord de la rivière avant qu'un canard ne vous tombe tout cuit dans la bouche.* »

Guy Kawasaki

Pour surmonter les affres de la récession, il faut attacher une grande attention à la notion d'environnement dans lequel on évolue. Le même individu, en effectuant le même effort, aboutira à un résultat complètement différent en fonction des conditions dans lesquelles il agit.

Dans son célèbre best-seller, *Le point de bascule*, Malcolm Gladwell met en lumière un concept très intéressant qu'il appelle : le pouvoir du contexte. Il explique en effet que l'individu plongé dans un environnement ne lui convenant pas sera jugé comme irrémédiablement nul et que la même personne placée dans un cadre radicalement différent sera perçue comme un excellent élément.

On a tous connu dans la vie professionnelle un collègue qui n'obtenait pas de bons résultats et était à la traîne de l'équipe. Quel ne fut pas notre étonnement de le trouver quelques années plus tard à un poste de haute responsabilité au sein d'une entité prestigieuse. Selon notre nature plus ou moins généreuse, la réaction variait de l'incompréhension au soupçon d'imposture.

© Groupe Eyrolles

La réalité est tout autre : la personne a simplement su quitter un contexte où elle ne pouvait pas s'épanouir pour se diriger vers un environnement plus adapté à sa personnalité et à ses attentes.

Ce concept simple va à l'encontre de notre lecture habituelle des personnes. On nous rabat les oreilles avec l'idée que « les gens ne changent pas ». Il est intéressant de constater que c'est faux. Gladwell explique clairement que tout individu peut changer en fonction du cadre dans lequel il évolue. Nous ne sommes donc pas condamnés à subir des situations qui ne nous conviennent plus. C'est de notre responsabilité d'en prendre conscience et de faire ce qu'il faut pour changer. À nous de nous bouger au lieu de se laisser enfermer dans une image négative. Par ailleurs, cela nous aide à comprendre aussi que l'on peut aider des personnes à évoluer positivement si l'on détecte le prochain environnement qui leur permettra de s'épanouir.

À partir de ce constat, si le contexte dans lequel vous évoluez n'est pas favorable, vous avez deux possibilités d'action. Soit vous vous considérez en position de pouvoir modifier l'environnement et, dans ce cas, vous prenez les décisions dans ce sens. Soit il vous est impossible d'influer sur ce dernier et le mieux est d'en chercher un plus favorable. En résumé, si vous ne pouvez pas changer les choses, changez d'endroit.

Pour action

- Ne jugez pas une personne sans prendre en compte le contexte dans lequel elle évolue.
- Identifier les contextes qui vous conviennent.
- Cherchez le bon contexte pour vous épanouir.
- Sachez quitter un contexte qui vous nuit à terme.
- Quittez-le vite.

41

Appliquez la résilience

> *« Un pessimiste voit la difficulté dans chaque opportunité, un optimiste voit l'opportunité dans chaque difficulté. »*
>
> Winston Churchill

La résilience désigne la capacité à réussir à vivre et à se développer en dépit de l'adversité. On comprend aisément qu'en situation de crise grave ce terme popularisé par Boris Cyrulnik dans son célèbre ouvrage *Un merveilleux malheur*, résonne comme un écho bienveillant. La résilience ne raconte nullement une histoire de réussite, c'est l'histoire d'une lutte contre l'adversité et la souffrance en inventant – ou adoptant – une stratégie pour rester vivant. Face aux plus graves difficultés, nous avons le choix entre deux options : soit baisser les bras et subir un sort de victime, soit faire quelque chose de positif de sa souffrance pour la transcender en une vie meilleure et plus intense.

La résilience se vit tout particulièrement entre un licenciement et le moment où la personne retrouve un emploi. Les spécialistes de l'accompagnement en transition de carrière connaissent bien les différentes phases que traversent la plupart des personnes se retrouvant soudainement au chômage. On retrouve peu ou prou les étapes du deuil établies par E. Kübler-Ross. Elles s'étagent ainsi :

- le déni ;
- la colère ;

- la culpabilité ;

- la dépression ;

- le repli ;

- l'acceptation ;

- la reconstruction.

Les difficultés constituent souvent des accélérateurs et des renforçateurs. Elles permettent d'apprendre beaucoup plus vite. Si elles sont surmontées, elles renforcent la confiance en soi et procurent des satisfactions que la routine et le confort sont loin d'égaler. Comme le travail des haltères pour les muscles, elles solidifient le mental. Pour illustrer cette idée, il convient de citer l'étude de Georges Vaillant concernant l'évolution de 204 étudiants de Harvard suivis régulièrement entre 18 et 68 ans. Si l'on ne prend pas en compte les individus décédés avant l'âge de 60 ans, on constate que 22 % de l'échantillon restant a souffert de difficultés psychiques importantes (dépressions sévères, paranoïas, psychoses hallucinatoires, etc.). Le psychologue a ensuite isolé les 60 diplômés qui avaient connu un bonheur constant dans leur vie et il a constaté que ceux-ci avaient eu – toutes proportions gardées – l'enfance la plus dure. Comme si les difficultés rencontrées dans leur enfance ou au début de leur vie d'adulte leur avaient permis de mettre en place des mécanismes de défense positive.

Comment se concrétise la résilience ? Elle se traduit par plusieurs facteurs qui interagissent entre eux : d'abord le contrôle des affects, c'est-à-dire la capacité à gérer le temps pour rendre les choses possibles. Ensuite la sublimation de la force de vivre qui s'exprime dans des activités artistiques, intellectuelles ou professionnelles socialement valorisées. L'altruisme joue aussi un rôle important dans le processus de reconstruction dans la mesure où il est à l'opposé du repli sur soi. Enfin l'humour constitue un liant utile qui permet de prendre de la distance avec les événements dramatiques.

Pour action

- Acceptez de parler de vos difficultés (mais pas avec n'importe qui).

- Ne niez pas la souffrance.

- Comprenez les étapes du deuil.

- Transcendez les difficultés dans un projet positif pour vous et pour les autres.

- Utilisez l'humour comme une arme anticrise.

42

Formez-vous

« Les investissements dans la connaissance paient les meilleurs intérêts. »

Benjamin Franklin

La période de flottement qu'instaure la crise constitue une excellente occasion de vous former. C'est en effet le moment pour progresser au plan personnel.

Tous les experts du travail s'accordent sur la nécessité de la « formation tout au long de la vie ». Plus que jamais, les compétences techniques évoluent et celui qui ne se forme pas régulièrement pour mettre ses connaissances à niveau risque de se faire dépasser par des compétiteurs plus avertis. Il y a encore quelques années, on voyait encore des cadres supérieurs « sourisphobes », totalement réfractaires aux outils informatiques. Ils avaient un ordinateur sur leur bureau, mais une machine à écrire reliée par un câble à un écran de télévision aurait aussi bien fait l'affaire, tant ils rejetaient cette nouvelle forme de travail. Aujourd'hui, une telle attitude n'est plus possible sous peine d'être considéré comme un indécrottable homme des cavernes.

La crise doit vous inciter à vous former à toutes les technologies, méthodes et techniques qui constituent le socle de votre performance demain. Dans ce but, n'hésitez pas à vous faire conseiller pour détecter les compétences que vous devez actualiser ou acquérir pour mieux surmonter la récession et rebondir plus rapidement quand la reprise se précisera. Si vous le pouvez, profitez déjà des formations internes à votre entreprise. Elles constituent des occasions en or pour apprendre, rencontrer, échanger et partager. Encore faut-il en être conscient et profiter au maximum de ces opportunités de rencontrer des collaborateurs d'autres services que l'on ne voit jamais en temps normal. Il ne faut surtout pas considérer ces sessions comme une corvée obligatoire ou du temps perdu. Elles représentent en effet une chance rare de casser les cloisons, d'établir de nouveaux contacts et de découvrir d'autres expertises et des ressources insoupçonnées de l'entreprise. L'idéal consiste à réaliser les formations internes en résidentiel, c'est-à-dire à l'extérieur de l'entreprise. Cela permet de mieux isoler les collaborateurs entre eux et de les fédérer autour de cours et d'activités vécus en commun. C'est là une occasion de les sortir de leur quotidien et de favoriser les échanges et une meilleure connaissance des uns et des autres.

Si la formation est devenue vitale pour maintenir son employabilité, elle constitue aussi une excellente opportunité d'exister en dehors de l'entreprise dans la mesure où beaucoup de sessions se déroulent à l'extérieur, mélangeant des cadres venant d'univers et ayant connu des cheminements différents. Les formations externes constituent ainsi une excellente opportunité d'élargir son réseau en rencontrant d'autres professionnels de son métier, de son secteur ou de son profil. C'est aussi l'occasion de s'aérer la tête en dehors de la pression quotidienne de l'entreprise et de prendre du recul sur un certain nombre de sujets comme sa trajectoire et ses objectifs professionnels.

Et puis, votre prochain job sera peut-être décroché non pas grâce au contenu de la formation que vous suivez, mais via une personne que vous allez y rencontrer ! Pour cela, pensez toujours Réseau quand vous participez à un séminaire de formation interentreprises : munissez-vous de cartes de visite, parlez aux stagiaires, intéressez-vous aux autres et faites passer votre message clé.

Alvin Toffler affirmait : « *Les analphabètes du XXIe siècle ne seront pas ceux qui ne savent ni lire ni écrire, mais ceux qui ne sauront pas apprendre, désapprendre et réapprendre.* »

Pour action

- Investiguez vos envies de formation.
- Cherchez les prestataires les plus efficaces.
- Demandez les formations suivies.
- Profitez-en pour faire du réseau.
- Enseignez vos nouvelles connaissances aux autres.

43

Échappez au syndrome du chic type

« *Que pouvez-vous faire pour promouvoir la paix dans le monde ? Rentrez chez vous et aimez votre famille.* »

Mère Teresa

La période de crise ne doit pas vous faire oublier les fondamentaux de votre vie personnelle et familiale. Cette dernière constitue généralement le socle parfait pour se ressourcer et trouver l'énergie d'avancer malgré les vents contraires. Il est donc important de consacrer du temps à sa famille et à ses proches. Ce creuset représente un facteur d'équilibre qu'il convient de soigneusement entretenir. Pour cela, il convient de consacrer du temps à votre famille et à vos amis et de ne surtout pas les sacrifier sur l'autel du stakhanovisme parce que nous sommes en période de crise.

Cette règle de vie ne doit cependant pas vous faire tomber dans le syndrome du chic type, syndrome mis en lumière par Robert Glover dans son livre intitulé : *Trop gentil pour être heureux.* L'auteur nous y décrit l'homme idéal – ou qui se veut comme tel – qui fait tout bien. C'est un bon père, un bon mari, un bon ami. Il est généreux, prévenant et attentif aux autres. Il ne porte pas de jugements et évite soigneusement les conflits grâce à un art consommé de l'esquive. Il est avide de consensus et d'harmonie. Il a pour but ultime de faire plaisir et veut être apprécié, voire mieux, aimé.

Le problème, c'est que le chic type est un individu normal qui force sa nature profonde. Derrière cette image de perfection, il cache ses défauts et ses manques. Or, dans la mesure où il attend beaucoup de la gentillesse qu'il déploie inlassablement, il est immanquablement frustré par ce qu'il reçoit en retour. Il en conçoit de l'amertume et se considère comme la victime d'une injustice. Et c'est là que peut se produire l'implosion ou l'explosion. L'implosion se traduit par une dépression nerveuse ou un problème de santé. L'explosion se manifeste par une violence soudaine ou une méchanceté inattendue chez un individu perçu jusque-là comme doux comme un agneau. Dr Jekyll devient tout à coup Mister Hyde !

Pour éviter ce syndrome, il est fortement recommandé de s'occuper de soi avant de s'occuper des autres. C'est en étant en harmonie avec soi-même que l'on peut apporter le plus à son entourage. Pour cela, le chic type doit apprendre à ne pas toujours composer, à savoir ce qu'il veut pour être heureux et ne pas dépendre uniquement des autres pour l'être. Il lui faut aussi accepter l'aide des autres et savoir dire non. Ajoutons à cela la capacité à affronter les conflits, le refus de tout contrôler, la reconnaissance du droit à l'erreur et le droit au plaisir et vous aurez les bases d'un cocktail éminemment curatif.

Robert Glover considère que ce syndrome touche surtout les hommes mais quelques-uns de ses fervents disciples pensent que les femmes sont tout autant concernées.

Pour action

- Ne cherchez pas à être parfait.

- N'essayez pas de plaire à tout le monde.

- Occupez-vous de vous, soyez un peu égoïste.

- Affrontez les conflits.

- Programmez régulièrement des breaks et des vacances en famille ou avec des amis.

44

Faites-vous plaisir

*« Pourquoi ne pas profiter immédiatement
des plaisirs ? Combien d'instants de bonheur
ont été gâchés par trop de préparation ? »*

Jane Austen

Pour survivre à la crise, pour mieux rebondir sur celle-ci, il est essentiel de se faire plaisir. La vie est courte, la vie profession-nelle est encore plus courte, alors pourquoi ne pas se faire plaisir ? Le plaisir peut et doit prendre plusieurs formes.

Il s'agit d'abord d'être en harmonie avec son environnement professionnel. Faire un métier que l'on aime, où l'on se sent utile et apprécié constitue un réel bonheur. Richard Branson s'en fait l'apôtre lorsqu'il conseille : *« Amusez-vous, travaillez dur et l'argent suivra. Ne perdez pas votre temps ; saisissez votre chance, prenez la vie du bon côté. Si vous ne vous amusez pas, passez à autre chose. »*

Chaque fois que, dans mon métier d'accompagnement en tran-sition de carrière, je rencontre une personne qui, fraîchement licenciée, décide de travailler avec moi sur son repositionne-ment professionnel, je l'interroge sur ce qu'elle aime dans la vie. Ensuite, au cours des séances d'échange que nous avons ensemble, je l'exhorte à profiter de cette période particulière pour consacrer du temps à se faire plaisir au travers de la pratique de son hobby préféré, de son sport favori ou de toute activité qui lui apporte une prise de distance et une satisfaction personnelle.

Mais le plaisir peut se situer dans beaucoup de choses : la pratique d'une activité de détente, artistique, de bénévolat, etc. Il y a quelques années, j'accompagnais un directeur financier qui avait des difficultés à trouver un nouvel emploi. Il me confiait qu'il tournait en rond chez lui et qu'il perdait le goût à beaucoup de choses. Au cours de la conversation, je détectais qu'il adorait la plongée sous-marine et qu'il considérait que c'était après un entraînement qu'il se sentait le plus détendu et le mieux dans sa peau. Mais, pour se consacrer à sa recherche d'emploi, il avait décidé de ne plus plonger. En d'autres termes, il ne s'autorisait plus cette détente essentielle à son équilibre. Je lui conseillai très vivement de reprendre dès que possible cette activité en lui recommandant bien de dire, si nécessaire, à son entourage que c'était moi qui lui disais de la faire. Trois mois plus tard, il signait un contrat d'embauche.

Il faut aussi penser aux petits plaisirs de la journée. *La première gorgée de bière* de Philippe Delerm fait partie des lectures à conseiller pour retrouver – ou détecter – tous les petits plaisirs qui réenchantent le quotidien. À chacun de faire sa liste personnelle. Cela peut aller d'un déjeuner avec une amie à un bon verre de vin rouge en passant par un simple plat de pâtes fraîches au beurre, un bon DVD, une séance de jogging, la lecture d'un bon roman, la sieste du dimanche. La liste est longue. Le catastrophisme ambiant représente l'occasion rêvée pour redécouvrir tous ces petits cailloux de plaisir qui parsèment votre chemin de vie quotidien et que l'on ne remarque plus par paresse et habitude.

Pour action

- Listez sur une feuille de papier les trois choses que vous aimez le plus faire.

- Faites-en au moins une à partir de la semaine prochaine.

- Chaque jour pensez aux petits plaisirs à venir de votre journée.

- Sachez les attendre et les savourer.

- Partagez-les avec ceux que vous aimez.

45

Reprenez votre temps en main

« Ne jugez pas une journée par sa récolte, mais par les graines qu'elle vous a permis de semer. »

Robert Louis Stevenson

Les périodes de crise provoquent un sentiment d'insécurité et une concentration sur le court terme qui cannibalisent notre capital temps. Par ailleurs, les moyens de communication modernes nous enchaînent de plus en plus aux autres. L'e-mail, le téléphone portable et le Blackberry nous imposent une dictature à la *Big Brother* où chaque individu peut être contacté – et dérangé – n'importe où et n'importe quand. Bien négocier la crise consiste à reprendre sa liberté par rapport à la dictature de tous ces nouveaux outils qui nous enchaînent au bon vouloir des autres.

Reprendre le contrôle de son temps demande de l'organisation et de la discipline. Il convient d'abord de bien choisir les outils indispensables pour ce faire. Cela commence par un bon agenda – papier ou électronique – doublé d'un répertoire pratique et rapide à mettre à jour. Ensuite, il est essentiel de respecter quelques règles simples d'agencement du temps. Chaque matin – ou la veille – il faut noter les tâches de la journée sur une feuille séparée et leur affecter un temps de réalisation précis. Ensuite, il convient de les lister en établissant les priorités. L'étape d'après consiste à les insérer dans l'emploi du temps de la journée (entre les rendez-vous déjà programmés par exemple). Donnez-vous – et c'est un point essentiel – du temps entre chaque tâche pour absorber les éventuels dépassements et les sollicitations non prévues.

La bonne organisation de son temps demande donc de la discipline et de la souplesse. Elle n'est possible que si l'on sait dire non à certaines demandes et ne pas succomber au plaisir de faire en priorité ce qui est le plus plaisant ou amusant. Elle commande aussi de préparer ses rendez-vous et ses réunions pour les rendre plus efficaces. De même, il est bon de regrouper ses appels téléphoniques plutôt que de les répartir de façon aléatoire tout au long de la journée. On réservera aussi deux ou trois espaces de temps quotidiens pour consulter et traiter ses mails au lieu de les lire dans la seconde et d'y réagir dans la minute. Un conseil aussi, titrez vos mails et ne laissez pas se créer une suite de « re :re :re :re ».

Faites en sorte aussi, malgré la crise, de bien séparer votre vie privée de votre vie professionnelle. À ce titre, ayez deux adresses mail, une personnelle et une professionnelle et faites en sorte que vos contacts n'en connaissent qu'une ou fassent bien la différence. De même, utilisez les fonctionnalités de votre boîte mail pour effectuer un tri efficace des messages arrivés. Équipez-vous d'un bon anti-spam et, si vous le pouvez, confiez la gestion de vos mails à votre assistante pour vous faire gagner un temps précieux.

Pour action

- Organisez vos journées.

- Ne répondez pas immédiatement à n'importe quelle sollicitation.

- Fermez votre portable pendant les réunions et les périodes où vous avez besoin de vous concentrer.

- Groupez vos appels.

- Déléguez le traitement de vos mails si vous le pouvez.

46

Trouvez la bonne longueur d'ondes avec les autres

« Tout ce qui rapproche est essentiel. »

Jean Moulin

En période de crise économique, sociale et de confiance, la maîtrise de la communication avec les autres est primordiale. Car ce sont la solidarité et la qualité des échanges qui permettent aux individus de traverser les tempêtes en minimisant la casse et de rebondir plus haut.

Pour optimiser votre communication, il existe un outil simple et efficace utilisé dans un certain nombre d'entreprises françaises mais encore méconnu du plus grand nombre. Son nom : la Process Communication.

Cette technique de communication, fortement inspirée de l'Analyse Transactionnelle, bénéficie de l'énorme avantage d'être facilement compréhensible et utilisable dans la vie de tous les jours. Elle a été mise au point il y a trente ans par un Américain, Taibi Kahler lorsque le docteur Terry MacGuire, psychiatre chargé du recrutement et de l'entraînement des astronautes de la Nasa, a fait appel à ses services pour l'aider à optimiser la sélection des candidats.

La Process Communication détermine six types de personnalité. La connaissance des caractéristiques de ces dernières permet de comprendre pourquoi le courant passe tout de suite entre deux individus alors qu'il est impossible de faire passer un message à une personne qui ne se trouve pas sur notre longueur d'ondes. Les six types de personnalité sont les suivantes :

- l'empathique ;

- le travaillomane ;

- le persévérant ;

- le rebelle ;

- le promoteur ;

- le rêveur.

Il convient de se méfier d'une lecture trop « premier degré » de ces dénominations car, par exemple, le rebelle se caractérise avant tout par sa recherche de contact ludique, et non par son opposition à toute forme d'autorité. De plus, l'outil est plus sophistiqué que ce qu'une présentation rapide pourrait laisser penser puisque chaque individu est constitué de chacun de ces six types de personnalité à des degrés divers. Ainsi, vous pouvez être de base Empathique, avoir un 2e étage Rebelle, une 3e étage Travaillomane et ainsi de suite. Dans ce cas, il est évident que vous aurez une grande facilité à vous entendre avec une personne qui aura la même base Empathique que vous. Alors que, si votre dernier étage est Rêveur, vous ressentirez des difficultés à échanger avec un individu dont c'est la base.

Sachant qu'une bonne communication représente un atout indispensable pour traverser la crise sans trop de dégâts et pour préparer au mieux la reprise, la Process Communication constitue un outil précieux pour progresser dans votre capacité à comprendre les autres et à mieux communiquer avec eux.

Pour action

- Détectez votre type de personnalité.

- Étudiez les cinq autres types de personnalité et les besoins de chacune.

- Adaptez votre communication au type détecté de votre interlocuteur.

- Appliquez la Process Communication dans votre vie professionnelle et personnelle.

- Ne cessez jamais de vous améliorer.

47

Gardez la forme

*« Notre corps est notre jardin,
la volonté en est son jardinier. »*

Shakespeare

Plus que jamais, la survivance en temps de crise passe par une bonne gestion de son énergie vitale. Vous pouvez perdre votre job, vos économies, votre maison. Mais vous ne pourrez les récupérer que si vous disposez d'une bonne santé. Le capital qu'il faut absolument préserver, c'est votre santé.

Cette vérité est d'autant plus cruciale que la retraite se prendra de plus en plus tard. En effet, tous les pays occidentaux, pour des raisons démographiques évidentes, sont dans l'obligation de relever graduellement l'âge de la retraite. La France échappe d'autant moins à cette fatalité que son système de retraite par répartition impose à une population active en diminution de payer les retraites d'anciens certes méritants mais toujours plus nombreux. Conséquence : il faut prendre soin de sa forme physique et mentale pour rester actif et entreprenant le plus longtemps possible.

En matière de santé, tous les spécialistes s'accordent sur les mêmes conseils d'hygiène de vie, à commencer sur l'absolue nécessité de ne pas fumer. On estime que le tabagisme tue en France 66 000 personnes par an. Hormis le cancer du poumon, le tabac favorise d'autres cancers comme ceux de la bouche, de l'œsophage, de la vessie, de l'estomac et du pancréas. Le fumeur a souvent besoin d'un déclic pour arrêter la cigarette. La crise actuelle peut constituer ce déclic.

Tous les médecins insistent aussi sur la nécessité d'avoir un exercice physique régulier. Attention cependant à deux choses :

- ne reprenez pas un sport violent après plusieurs années d'interruption. Sinon gare au mieux à la blessure ou, pire, à un méchant infarctus ;

- la pratique d'un exercice physique produit un bien meilleur résultat à un rythme d'une heure trois fois par semaine que de trois heures pendant le week-end.

La crise pourrait nous faire manger crétin sous l'effet de la pression et du stress. Mauvaise pioche. C'est justement le moment de repenser son alimentation et sa façon de manger. Les nutritionnistes sont majoritairement adeptes du régime crétois, aussi pourquoi ne pas profiter des événements actuels pour suivre leurs conseils.

Par ailleurs, il est fortement recommandé de travailler sur la satiété et d'abandonner définitivement l'enseignement de nos grands-mères consistant à toujours finir son assiette. Les Japonais appellent ce mantra le *hara hachi bu*. Il s'agit simplement de s'arrêter de manger lorsque nous nous sentons rassasiés à 80 %.

Un autre excellent moyen de contrôler sa santé consiste à acheter un mètre souple et de mesurer régulièrement son tour de taille. Car la graisse abdominale est un des grands tueurs de l'humanité. C'est ce qu'explique avec beaucoup de conviction le Docteur Gupta Sanjay dans son best-seller *À la poursuite de la vie*. Selon lui, il faut commencer à s'inquiéter lorsque le chiffre dépasse les 89 cm pour une femme et 101 cm pour un homme.

Un autre conseil très simple à observer consiste à surveiller régulièrement sa tension. Les chiffres parlent d'eux-mêmes : plus de 40 % des Français âgés de 34 à 65 ans souffrent d'hypertension. Mais seulement la moitié de ceux-ci sont au courant. Et 38 % des personnes ainsi détectées sont effectivement traitées.

Pour action

- Arrêtez le tabac et buvez modérément.

- Mangez crétois plutôt que crétin.

- Faites un sport régulier, adapté à votre âge et qui vous fasse plaisir trois fois par semaine.

- Surveillez votre tour de taille et surveillez votre tension.

- Faites un check-up annuel avec votre médecin.

48

Recherchez les perles rares

> « Ce n'est pas tant le monde qui me plaît,
> c'est le mystère qui est dedans. »
>
> Alain Souchon

La crise peut vous enrichir humainement. Pour cela il faut absolument rechercher la compagnie de personnes positives et optimistes. Il existe ainsi des personnes qui rayonnent d'énergie et de bienveillance. Elles sont capables, en quelques minutes, par quelques mots simples, de produire le déclic qui peut changer votre vie.

Une étude récente publiée dans le *British Medical Journal*, par James Fowler de l'Université de San Diego et Nicholas Christakis de la Harvard Medical School, suggère que le bonheur d'un individu dépend de la joie de vivre des personnes qui constituent son environnement habituel.

Christakis et Fowler ont étudié un échantillon de 5 000 personnes entre 1971 et 2003 ayant non seulement répondu à des questions sur leur état de santé mais aussi sur leur famille, leurs amis et relations. Les résultats ont montré que les personnes qui avaient beaucoup de personnes heureuses autour d'elles avaient beaucoup plus de probabilités d'être elles-mêmes heureuses. Ils démontrent aussi que le bonheur est contagieux et paraît se transmettre d'une personne à une autre dans les

© Groupe Eyrolles

groupes considérés. Le bonheur aurait un effet contaminant et ne serait donc pas uniquement expliqué par le fait que les personnes heureuses recherchent la compagnie d'individus ayant le même état d'esprit qu'elles. L'étude donne un éclairage intéressant sur le monde du travail en soulignant que les collègues de travail ne sembleraient pas bénéficier du même effet de contagion comme si le contexte professionnel pouvait limiter la diffusion des états émotionnels.

Dans son best-seller *Le point de bascule*, Malcolm Gladwell appelle ces perles rares des *mavens*. Ils les distinguent par leur capacité à créer et entretenir des liens sociaux avec les autres individus, et par leur facilité à rendre des services utiles. Ces *mavens* s'assimilent au concierge d'un grand hôtel : ils ont toujours la solution ou alors savent où la trouver. Ils sont comme cela, c'est plus fort qu'eux : ils aiment aider leurs semblables.

Il faut aussi rechercher d'autres perles rares : les personnes optimistes qui ont cette faculté rare de recharger nos batteries et de nous faire du bien. Il faut les identifier et aller se ressourcer auprès d'elles sans, bien entendu, devenir dépendantes de leurs bonnes paroles ou de leur aura. Un de mes clients m'a raconté combien il appréciait passer quelques minutes par jour dans le bureau de son patron, une des figures de la publicité française du siècle dernier, parce que ce dernier, par ses paroles ou par une tape sur l'épaule, lui transmettait une énergie considérable qui effaçait les fatigues et les doutes de la journée.

N'hésitez pas enfin à susciter des rencontres avec des personnes que vous admirez et que vous aimeriez connaître. L'expérience montre que, même si cela ne fonctionne pas à coup sûr, les rencontres ainsi provoquées sont plus nombreuses que ce que l'on pourrait croire.

Pour action

- Cherchez les perles rares.

- Ne vous contentez pas de les chercher, trouvez-les.

- Rechargez-vous en énergie et joie de vivre à leur contact.

- Soignez-les aux petits oignons pour qu'ils aient envie de vous compter dans leur premier cercle.

- Suivez leur exemple en devenant à votre tour une perle rare.

49

Fuyez les toxiques

*« La raison pourquoi les sots réussissent dans leurs
entreprises, c'est que ne sachant et ne voyant jamais
quand ils sont importuns, ils ne s'arrêtent jamais. »*

Montesquieu

Je l'avoue, les toxiques représentent un des thèmes favoris des
nombreuses conférences que je donne depuis plusieurs années.
J'en parle d'autant mieux que, comme tout le monde, j'en ai
rencontrés et ai été fasciné par cette bête bizarre aux formes
variées et à l'influence mortifère.

Déjà, quand tout va bien, les toxiques sont nuisibles. Ils sont
capables de démoraliser les plus optimistes et d'instiller le
doute chez tout individu normalement constitué. En période
de crise, ces néfastes sont encore plus dangereux car leurs interlocuteurs sont en situation de fragilité et constituent donc des
proies de choix. Je me souviens de ce conseiller carrière qui
officiait comme bénévole auprès d'une association d'anciens
élèves d'une grande école. Son plus grand talent était de casser,
laminer et réduire à néant ses anciens camarades en proie à des
interrogations professionnelles. Il représentait l'alliance parfaite
entre la toxicité maximale et la perversité assumée.

Attention les toxiques sont partout. Ils ne sont pas obligatoirement éloignés et peuvent se cacher tout près de vous. Cela
peut être un parent proche ou un excellent ami. Le bon cama-
rade qui s'apitoie en long et en largeur sur votre situation

professionnelle chaotique avec moult « *Mon pauvre vieux, c'est la crise* » et « *Cela doit être horrible à vivre ce qui t'arrive* » ne vous rend pas forcément service. Sa compassion cache souvent un besoin de se rassurer lui-même sur sa situation présente. En croyant vous aider, il vous enfonce encore plus la tête dans la fosse à purin.

Les toxiques sont multiformes : cela va du profiteur au harceleur, en passant par le mal élevé, l'amnésique, le geignard, le mégalo, le sadique, etc., soit toute une galerie de personnalités qui errent comme des zombies néfastes dans la galaxie de la vie professionnelle. Le néfaste a un talent rare pour vous décourager, vous démoraliser, voire écorner votre réputation auprès de vos collaborateurs, pairs, patrons et relations. Les « toxiques » ressemblent fortement aux méchants envahisseurs qui harcelaient le soporifique David Vincent de la série télé éponyme : comme eux, ils n'ont pas de signes physiques distinctifs et se tapissent là où on ne les attend pas. Robert Sutton, l'auteur de *Objectif Zéro-sale-con* explique que les toxiques représentent un coût caché et un danger pour toute entreprise. Les sociétés qui hébergent ce type d'individus en période de récession s'exposent à de sérieux risques de mécontentement des clients, à un fort taux de démissions, à un manque de créativité, à des dysfonctionnements importants à l'interne et à des dommages sur l'image de l'entité à l'extérieur. Robert Sutton liste tous les comportements possibles – et la liste n'est pas exhaustive – des infâmes nuisibles. Cela va du harcèlement ou mépris en passant par les insultes, la déstabilisation, l'abaissement, le mensonge, la mauvaise foi, la violence physique, l'intimidation, etc.

Aussi, plus que jamais en temps de crise, il s'avère essentiel de repérer rapidement les toxiques pour ne pas les laisser interférer dans votre entourage professionnel et personnel. Maintenez-les à une distance respectable. Ne tentez pas de les détoxiquer, ce serait peine perdue. Une façon d'annihiler un nuisible identifié consiste à le prendre à son propre jeu. Pour cela, il faut être encore plus négatif que lui. Cet antidote fonctionne très bien avec le toxique de base. Il le chasse de votre environnement. En revanche, il ne fonctionne généralement pas avec le toxique pervers qui est, en quelque sorte mithridatisé contre toutes sortes de poison qu'il répand lui-même.

Pour action

- Identifiez rapidement les toxiques qui vous entourent.

- Repérez de loin les nouveaux toxiques qui essayent de s'approcher de vous.

- Écartez ou éliminez de votre entourage ces deux catégories de néfastes.

- Éduquez vos proches sur ce qu'est un toxique.

- Ne devenez pas toxique vous-même.

50

Laissez votre empreinte

> *« Ce n'est que lorsqu'il fait nuit*
> *que les étoiles brillent. »*
>
> Winston Churchill

Les moments difficiles constituent une exceptionnelle occasion pour révéler son talent, ses idées et son énergie. Dans mon métier qui consiste à accompagner des cadres dirigeants (licenciés par leur employeur) dans leur repositionnement professionnel, je travaille avec eux sur leurs « faits d'armes ». Il s'agit de répertorier et d'analyser les actions décisives qu'ils ont menées au cours de leur carrière. À la lumière de près d'un millier de récits ainsi récoltés, il est clair que les moments forts d'une vie professionnelle se trouvent beaucoup plus souvent en période troublée que par grand beau temps.

La vie professionnelle peut apporter beaucoup ou pas grand-chose. C'est *in fine* vous qui êtes le seul juge. Certains mesurent leur réussite à l'argent qu'ils ont gagné, d'autres se focalisent sur le montant de leur retraite. D'autres encore s'intéressent plutôt au pouvoir qu'ils ont exercé, ou au plaisir qu'ils ont tiré d'expériences réussies. Dans tous les cas énoncés plus haut, on se rend compte que la plupart des professionnels qui accèdent à la retraite prennent en compte ce que la vie professionnelle leur a apporté plutôt que ce qu'ils ont laissé comme empreinte.

Je vous invite à réfléchir différemment. Avez-vous pensé à la trace que vous allez laisser dans votre métier ou dans votre société. Avez-vous songé à laisser quelque chose de plus grand que les longues heures de travail passées dans un travail répétitif et sans intérêt ? Dans un livre décapant, *The Brand You 50*, Tom Peters nous invite à réfléchir sur notre propre carrière et sur notre contribution à notre métier. On ne sort pas indemne de ce livre. Il est à la mesure de son auteur : iconoclaste, dérangeant, énervant mais en même temps diablement intéressant et pertinent.

Quand vous prendrez votre retraite et que vous regarderez votre vie professionnelle passée, vous vous poserez obligatoirement quelques questions clés. En quoi ai-je fait la différence ? Ai-je contribué à quelque chose d'utile ? Ai-je fait avancer mon métier ? Il ne s'agit pas de changer le monde, il est juste question de but. La vie est courte et la vie professionnelle encore plus. Alors autant utiliser votre temps à faire quelque chose qui vous tient à cœur et qui corresponde à ce que vous désirez ardemment réaliser ici-bas.

L'idée est de considérer ce que vous pouvez imaginer pour changer les choses dans votre sphère d'influence. Ce n'est pas si difficile. J'en veux pour preuve l'exemple d'Éric, une des personnes que j'ai accompagnée dans son repositionnement professionnel, qui a profité de cette période pour monter Reconnect, une association de réinsertion des SDF grâce aux outils de communication modernes.

Pour action

- Que pouvez-vous faire de grand dans votre univers professionnel ?
- Quelle idée originale et durable pouvez-vous apporter ?
- Quel est votre objectif en termes de vie professionnelle ?
- Êtes-vous sur les bons rails pour réaliser cet objectif ?
- Que vous faut-il changer pour atteindre cet objectif plus vite ?
- En quoi la crise peut-elle représenter un accélérateur de ce changement ?

Conclusion

*« Les hommes ne sont pas prisonniers de leur destin
mais seulement de leur propre esprit. »*

Franklin D. Roosevelt

Ça y est : maintenant vous avez acquis 50 réflexes pour survivre
à la crise et utiliser celle-ci comme un tremplin pour rebondir
plus haut.

La tourmente actuelle charrie évidemment son lot de craintes,
d'incertitudes et de drames humains. Mais, compte-tenu de sa
violence et de ses racines, elle va générer une nouvelle donne,
une remise en cause profonde d'un système économique qui a
atteint ses limites. La tornade aura aussi pour effet de réhabiliter des valeurs oubliées ou considérées comme ringardes,
comme l'intégrité, l'honnêteté, la simplicité, la solidarité et la
fraternité.

Cette crise constitue peut-être la grande chance de votre vie.
Albert Cohen disait : *« Tout homme naît et se forme pour une grande
heure de sa vie. »* Votre heure est peut-être arrivée et la tempête
actuelle représente, je l'espère pour vous, l'opportunité que
vous attendiez pour changer vos représentations mentales et le
cours de votre vie professionnelle.

Le moment est venu de casser les ancrages paresseux, les habitudes molles, les situations faussement acquises, les certitudes
établies et les croyances invalidantes. La crise représente un
provocateur et un accélérateur de changement. Plutôt que de
vous y opposer, suivez le courant qu'elle génère et faites-en une

énergie positive pour vous. Ce livre a pour ambition de vous y aider. Puisse-t-il constituer le déclic nécessaire pour casser le schéma de vie précédent et passer à une nouvelle existence.

Maintenant, cela dépend de vous.

Rassurez-vous, il y aura d'autres crises dans le futur. Une fois que celle-ci sera réglée, cinq à sept ans après, il y en aura une autre, de nature différente, tout aussi mal anticipée. Donc si vous ne profitez pas des opportunités offertes par la tornade actuelle, il y aura d'autres occasions de le faire dans l'avenir.

Que ces 50 réflexes vous soient profitables. N'hésitez pas à me faire parvenir vos autres idées de réflexe pour enrichir la présente liste.

> *« En résumé, il est clair que l'avenir contient de grandes occasions. Il recèle aussi des pièges. Le problème sera d'éviter les pièges, de saisir les opportunités et de rentrer chez soi pour six heures. »*
>
> Woody Allen

Bibliographie

Ouvrages

ALGAN Yann, CAHUC Pierre, *La société de défiance*, Rue d'Ulm, 2007.

APFELDORFER Gérard, *Les relations durables*, Odile Jacob, 2004.

AXELROD Robert, *Comment réussir dans un monde d'égoïstes – théorie du comportement coopératif*, Odile Jacob, 2006.

BANDURA Albert, *Auto-efficacité : le sentiment d'efficacité personnelle*, De Boeck, 2007.

BEN SHAHAR Tal, *L'apprentissage du bonheur*, Belfond, 2007.

BLAKE, *The Art of Decisions – How to Manage in an Uncertain World*, Prentice Hall, 2008.

BOMMELAER Hervé, *Trouver le bon job grâce au Réseau*, Eyrolles, 2007.

BOMMELAER Hervé, *Booster sa carrière grâce au Réseau*, Eyrolles, 2007.

BRANSON Richard, *Ma petite philosophie connaît pas la crise*, Scali, 2007.

CARNEGIE Dale, *Comment se faire des amis*, Le Livre de Poche, 1990.

CLAMPIT Phillip G., DEKOCH Robert J., *Embracing uncertainty*, M. E. Sharpe, 2001.

COLLIGNON Gérard, *Comment leur dire...*, InterÉditions, 2002.

COURTNEY Hugh, *20/20 Foresight: Crafting Strategy in a Uncertain World*, Harvard Business Review Press, 2001.

COVEY Stephen R., *Le pouvoir de la confiance*, First, 2008.

COVEY Stephen R., *Les 7 habitudes de ceux qui réalisent tout ce qu'ils entreprennent*, First, 2005.

CSIKSZENTMIHALYI Mihaly, *Vivre*, Robert Laffont, 2004.

CYRULNIK Boris, *Un merveilleux malheur*, Odile Jacob Poches, 2002.

DELERM Philippe, *La première gorgée de bière*, L'Arpenteur, 1997.

DOTLICH David, NOEL James, WALKER Norman, *Leadership Passages*, Wiley, 2005.

DRU Jean-Marie, *La disruption*, Village Mondial, 1997.

FERRAZZI Keith, *Never Eat Alone : And Other Secrets To Success, One Relationship At A Time*, Currency, 2005.

GLADWELL Malcolm, *Le Point de bascule*, Transcontinental, 2003.

GLADWELL Malcolm, *La Force de l'intuition,* Robert Laffont, 2006.

GLOVER Robert A., *Trop gentil pour être heureux*, Payot 2005.

GODIN Seth, *Survival is Not Enough*, Simon & Schouster, 2002.

GOLEMAN Daniel, *L'intelligence émotionnelle*, J'ai Lu, 2003.

JEFFERS Susan, *Tremblez mais osez*, Marabout, 2001.

JOHNSON Spencer, *Qui a piqué mon fromage*, Michel Lafon, 2000.

KOTTER John, RATHGEBER Holger, *Alerte sur la banquise*, Pearson Village Mondial, 2008.

LABORIT Henri, *Éloge de la fuite*, Folio, 1985.

LUCE Brian, Mc DERMOTT Brian, *Time Out for Leaders*, Nova Vista Publishing, 2008.

LYUBOMIRSKY Sonia, *Comment être heureux… et le rester*, Flammarion, 2008.

McCORMACK Mark, *Success Secrets*, Michel Lafon, 1990.

MOREL Christian, *Les décisions absurdes*, Gallimard, 2002.

MYERS David, *Intuition, its Powers and Perils,* Yale University Press, 2002.

PASINI Willy, *Être sûr de soi*, Odile Jacob, 2002.

PETERS Tom, *The Brand You 50*, Alfred A. Knopf, 1999.

REYNOLDS Garr, *Presentationzen*, Pearson, 2008.

ROBBINS Anthony, *Pouvoir illimité*, Robert Laffont, 2003.

RIPLEY Amanda, *The Unthinkable : Who Survives When Disaster Strikes – And Why*, Crown Publishing Group, 2008.

SANJAY Gupta, *À la poursuite de la vie*, Gutenberg Sciences, 2008.

SALMON Christian, *Storytelling*, La Découverte, 2008.

SELIGMAN Martin, *La force de l'optimisme*, InterÉditions, 2008.

STALLARD Michael Lee, *Fired Up or Burn Out*, Thomas Nelson Publishers, 2007.

SUTTON Robert, *Objectif Zéro-sale-con*, Vuibert, 2007.

WISEMAN Richard, *Le facteur chance,* Marabout, 2004.

WITTENBERG-COX Avivah, MAITLAND Alison, *Womenomics*, Eyrolles, 2008.

Articles

AIZIC Francine, « Faut-il communiquer en cas de crise ? », *Le Monde,* 14 octobre 2008.

BANKS Janet, COUTU Diane, « How to Protect Your Job in a Recession », *Harvard Business Review,* September 2008.

BETTAYER Kheira, « Peut-on vraiment se fier à ses intuitions ? », *Courrier Cadres,* février 2008.

BOMMELAER Hervé, « Boostez votre carrière grâce au Réseau », *Revue Centraliens,* mai 2007.

BOMMELAER Hervé, « Networking or Not Working», *Reflets Essec,* juin 2008.

BOMMELAER Hervé, « Networking par gros temps », *L'Expansion.com,* 26 novembre 2008.

BRYAN Lowell, FARRELL Diana, « Leading through Uncertainty », *The Mc Kinsey Quarterly,* December 2008.

CAPLAN Janet, KELLEY Robert, « How Bell labs Create Star Performers », *Harvard Business Review,* July-August 1993.

CASCIARO Tiziana, SOUSA LOBO Miguel, « Competent Jerks, Lovable Fools, and the Formation of Social Networks », *Harvard Business Review,* June 2005.

CATMULL Ed, « How Pixar Fosters Collective Creativity », *Harvard Business Review,* September 2008.

CHARLIN Guillaume, *« Entreprise : comment réussir en temps de crise »,* *Les Echos,* 24 septembre 2008.

COLIN Michelle, « Career Advancement in Tough Times », *Business Week,* November 3, 2008.

COY Peter, « Surviving the Storm », *Business Week,* November 3, 2008.

CROS Rob, LIEDTKA Jeanne, WEISS Leigh, « A Practical Guide to Social Networks », *Harvard Business Review,* March 2005.

EAGLY Alice, CARLI Linda, « Women and the Labyrinth of Leadership », *Harvard Business Review,* September 2007.

FISHER Anne, « Be a Better Networker », *Fortune,* November 7, 2008.

FOSTER Richard, « Strategy in crisis », *The Mc Kinsey Quarterly,* 2002.

FOWLER James H, CRISTAKIS Nicholas A, « Dynamic spread of happiness in a large social network : longitudinal analysis over 20 years in the Framingham Heart Study », *BMJ*, 4 December 2008.

FOSTER Richard N., « Strategy in Crisis », *The Mc Kinsey Quarterly,* December 2008.

GIAOUI Franck, « Saisir les bonnes occasions, sans cynisme ni fatalisme », *La Tribune,* 3 novembre 2008.

HAGEL John, SEELY BROWN John, Davidson Lang, « Shaping Strategy in a World of Constant Disruption », *Harvard Business Review,* October 2008.

JASOR Muriel, « Quand la crise fait émerger des leaders », *Les Échos,* 3 novembre 2008.

JASOR Muriel, « Crise : s'abriter ou rebondir, il faut choisir », *Les Échos,* décembre 2008.

MORIOU Corine, GLESS Étienne, COOP William, « Manager en temps de crise », *L'Entreprise,* janvier 2009.

ROCCO Anne-Marie, « Leurs stratégies pour passer la crise », *Challenges,* 4 décembre 2008.

RUMLET Richard P., « Strategy in a Structural Break », *The Mc Kinsey Quarterly,* December 2008.

SEVE Marie-Madeleine, « Sachez faire confiance à votre intuition », *Management,* mars 2006.

SUTTON Robert, *« Building the civilized workplace », The Mc Kinsey Quarterly,* 2007.

UZZI Brian, DUNLAP Shannon, « How to Build Your Network », *Harvard Business Review,* December 2005.

WARGUIN Paul, « Soyez mieux informé que les autres », *Courrier Cadres,* février 2008.

ZARKA Michel, LAURIDON Guillaume, « Comment la crise change les PDG », *Les Échos,* décembre 2008.

www.ingramcontent.com/pod-product-compliance
Lightning Source LLC
Chambersburg PA
CBHW031123210326
41519CB00047B/4498